经济管理学术文库 · 管理类

我国省属本科高校财政拨款制度研究：

以西北地区X省为例

Research on Funding System of
Local Universities in China:
A Case Study of Northwest Province

孙百才　路晓峰　王新俊 等／著

经济管理出版社
ECONOMY & MANAGEMENT PUBLISHING HOUSE

图书在版编目（CIP）数据

我国省属本科高校财政拨款制度研究：以西北地区 X 省为例/孙百才等著 . —北京：经济管理出版社，2023.11

ISBN 978-7-5096-9482-4

I. ①我…　Ⅱ. ①孙…　Ⅲ. ①高等教育—教育拨款—财政制度—研究—中国　Ⅳ. ①G649.22

中国国家版本馆 CIP 数据核字（2023）第 227860 号

组稿编辑：张巧梅
责任编辑：张巧梅
责任印制：黄章平
责任校对：蔡晓臻

出版发行：经济管理出版社
　　　　　（北京市海淀区北蜂窝 8 号中雅大厦 A 座 11 层　100038）
网　　址：www. E-mp. com. cn
电　　话：（010）51915602
印　　刷：北京晨旭印刷厂
经　　销：新华书店
开　　本：720mm×1000mm/16
印　　张：13
字　　数：270 千字
版　　次：2024 年 3 月第 1 版　　2024 年 3 月第 1 次印刷
书　　号：ISBN 978-7-5096-9482-4
定　　价：88.00 元

序　言

　　党的二十大报告对深入实施新时代人才强国战略做出了全面部署，"培养造就大批德才兼备的高素质人才，是国家和民族长远发展大计"。高等教育作为国民教育体系的顶层，承担着高素质人才培养的使命。2022年，我国高等教育毛入学率达到59.6%，已进入了普及化阶段。随着高等教育规模的不断扩大，高校对资源需求的大幅增长与资源投入能力有限之间的矛盾日益凸显。财政是保障高校人才培养、科学研究、社会服务及文化传承等功能正常发挥的物质基础。深入研究高校财政拨款的制度，不仅是适应经济新形势下的一道"必答题"，更是在科学推动高等教育人、财、物资源配置的改革基础之上，以财政治理理念推动高等教育健康发展的关键命题。

　　目前我国高等教育财政面临的几大突出问题包括国家对高等教育的财政投入与满足高等教育内涵式发展的需求之间仍存在差距；高等教育资金筹措渠道有限，多元化的投入机制尚不完善；扩张政策实施后，过快的高等教育发展速度导致教学成本急剧增长，而高校生均公用经费的比例偏低，部分高校存在着资源浪费、生师比过大、资金管理不善、教学科研成果转化率低等问题。此外，政府的高等教育财政投入在不同地区、层次以及类属高校之间存在着不均衡情况，导致高校获得教育经费的机会和实际所得资源不均等。因此，在这种背景下研究如何改进当前的高等教育财政拨款体制，有助于政府部门更加合理地配置教育资源，提高财政资金的使用效率，化解当前高等教育规模增长和质量提升在资金使用上的矛盾，提高办学效益，促进高等教育创新、协调、绿色、开放、共享式发展。

　　本书以我国西北地区某省份为案例展开研究，该地区的教育财政投入总量不高，教育供需矛盾突出。在高等教育事业快速发展的背景下，案例地区的高等教育财政资金在支出中不同程度地存在拨款标准不统一和分配机制不合理等问题。

这些问题的出现影响了案例地区高等教育整体质量的提升和教育事业的稳步发展。因此，以西北某省份为案例探究高等教育拨款机制和模式，并找出其中存在的问题加以优化，是十分必要的。本书测算了实际运行生均培养成本（实然成本）和高校发展客观需要的生均成本（应然成本），并在此基础上测算了生均财政拨款的标准定额，对案例地区的省属本科高校财政资金需求进行了预测。结合教育财政拨款的未来发展趋势，按分学科法测定生均综合定额标准，采取六种资金分配策略进行数据比对，选择最优策略进行拨款公式设计，最终设计出了省属高校的财政资金分配方案。

从理论上来看，本书在借鉴发达国家和国内其他省份高等教育拨款成功经验的基础上，研究如何改进省属高等教育财政拨款的体制机制，目的是丰富公共财政管理理论，充实高等教育财政拨款理论，为政府制定高等教育拨款政策提供理论和实践依据。从实践上看，研究通过建立高等教育财政绩效拨款模式和机制，对促进省属高校教育财政拨款体制改革、鼓励高校合理竞争资源、提高资源的利用效率等都具有积极作用，同时可以改善案例地区省属高校在财政拨款中存在的诸多问题，为其他省份提供了参照机制。例如，政策建议里提出要在尊重高校自主权的同时，借助市场竞争手段进行有效资源重组，完善高校筹措办学资金的竞争机制，将有限的"稀缺优质资源"配置到效益较好的地方，提高高等教育财政拨款绩效和管理水平，进一步提升高等教育办学效益和办学质量。毫无疑问，本书的研究结果具有重要的理论意义和实践价值，可以说是高等教育财政领域的优秀成果之一。

孙志军

2023 年 5 月

目　录

第一章　绪论

第一节　研究背景

一、国际高等教育财政危机下高校拨款的改革

（一）高等教育财政危机

世界银行在 1994 年发布的报告《高等教育：经验与教训》中明确指出，全球高等教育已经处于危机之中，这一危机主要是财政危机。[①] 这一判断得到道格拉斯·阿尔布雷特（Douglas Albrecht）、阿瑞安·齐德曼（Adrian Ziderman）、盖雷斯·威廉姆斯（Gareth Williams）、布鲁斯·约翰斯通（Bruce Johnstone）、加米尔·萨米（Jamil Salmi）和阿瑟·豪普特曼（Arthur M. Hauptman）等西方国家高等教育财政研究专家的一致认同。世界各国的高等教育财政危机普遍表现在以下几个方面：财政拨款占高等教育总经费的比例下降，教师工资待遇下降，教职工流失现象严重，高校的基础设施和设备老化，教育质量下降，学费上涨超出了学生的承担能力等。[②] 经济和社会发展对高等教育日益增长的需求与高等教育公共支出短缺之间的矛盾是导致高等教育财政危机的主要原因。萨米和豪普特曼认

[①] World Bank. Higher Education：The Lesson of Experience ［R］. Washington. D. C：The World Bank，1994.

[②] Albrecht D. & Ziderman A. Funding Mechanisms for Higher Education Financing for Stability，Efficiency and Ronsponsiveness ［R］. Washington. D. C：The World Bank，1992.

为，导致世界各国高等教育需求迅速增长的原因主要有以下三点：高等教育培养的高层次技术人才、创造的科研成果和提供的社会服务对国家经济和社会文化的影响越来越大；高等教育给受教育者带来较高个人收益的同时也创造了社会收益；在许多文化中，非经济因素比如更高的社会地位和荣誉等都促使人们追求高等教育。[①] 20 世纪后半期，世界各国高等教育规模的迅速扩大是经济社会对高等教育需求旺盛的最直接体现。不少发达国家的高等教育毛入学率都超过 50%，步入美国学者马丁·特罗（Martin Trow）所说的普及化阶段。2002 年中国高等教育毛入学率达到 15%，进入了高等教育大众化阶段。2015 年中国高等教育毛入学率达到 40%，进入大众化后期阶段。到 2019 年，中国高等教育毛入学率达到 51.6%，进入普及化阶段。[②] 预计到 2035 年，我国高等教育的毛入学率达到 65%～70%，各类在校的高等教育学生达到 5000 万人左右[③]，高等教育普及化程度进一步提升。高等教育大众化与高等教育公共支出短缺之间的矛盾要求高校的财政体制必须进行改革。因此，教育财政体制改革成为世界各国关注的焦点问题。

（二）公共问责制在高校绩效拨款的应用

20 世纪 70 年代起，新公共管理改革在欧美兴起。在这场改革的影响下，人们认为，公共权力的行使应当符合经济、效率、效益（Economy、Efficiency、Effective）的原则，这就是当代人们对公共权力的问责（Accountability）。问责是指通过汇报、解释、证明等方式让政府部门、社会机构或个人对高校的经费使用情况及效果进行监督。[④] 严格意义上的问责制是一种责任追究制度，是一定的问责主体对公共责任承担者的担责情况进行质询，作为担责者的问责对象作出回应、解释和说明，问责主体要求问责对象承担否定性后果的一种规范。问责对象还可以就后果处理提出辩解并进行有针对性的改进。

高等教育领域的问责制度在美英等国日渐成熟与完善。高校问责是指高校向其他利益相关者报告、解释、证明和回答有关高等教育资源使用及其效果的情

① Salmi J. & Hauptman A. M. Resource Allocation Mechanisms in Tertiary Education：A Typology and an Assessment [J]. Journal of Nutrition，2006，110（12）：2467-2479.

② 朱玉山. 美国公立大学治理中的社会参与研究 [D]. 南京：南京大学，2017.

③ 闵维方. 从经济视角看我国面向 2035 年的高等教育发展战略 [J]. 教育与经济，2018（2）：3-9.

④ Currie & Richard DeAngelis. Globalizing Practices and University Response：European and Anglo-American Difference [M]. London：Praeger Publishers，2003：114.

况，是一个证明高校自身履行职责、实现办学绩效并不断提高教育质量的过程。① 具体来说，高校问责制是一种与绩效（Performance）挂钩的责任制。因此，为了使高校更好地履行各项职责，大多数国家实行绩效拨款的模式。绩效拨款将重点从对资源的需求转向如何分配有限的资源并对此负责，它将预算问题从"政府应该为大学做些什么"转变为"大学为政府、为社会做了些什么"。② 由此可见，绩效拨款作为以注重产出为特征的拨款机制，在促进高校外部职责履行及内部绩效改善、提高财政资金使用效益方面发挥了重要作用。③

（三）高校财政体制改革趋势

从国际范围来看，尽管各国教育财政体制存在着较大的差别，但其改革趋势具有共同之处。这些共同之处主要表现在以下两方面：第一，预算与拨款更多地与学校的产出挂钩，力图实现公共部门由收付实现制的财务制度向权责发生制的财务制度转变，如澳大利亚的教育拨款实行产出预算制度，英国的教育拨款实行综合定额式的拨款制度。第二，在预算管理上更为精细与科学化，更多地倡导理性与科学的零基预算体制。这两方面相比，预算的改革起着更为基础的作用。因为没有科学的测算，综合定额式的拨款制度便无法有效地实施。

从我国来看，随着市场经济体制改革的逐步深入，财政体制也进行了一系列的改革。我国改革了传统的单式预算制度，初步实行了复式预算制度和部门预算制度。具体表现在以下两方面：一是实行综合预算。所有预算单位的部门预算既能反映部门一般预算收支情况，又能反映基金预算收支情况。在一般预算中，既包括部门的预算内收支，又包括部门的预算外收支，力求使各部门每项资金来源渠道和各项支出均在预算中得到反映。二是细化定额标准。根据单位性质、职能、工作量差别、经费自给率、国有资产拥有量等情况，人均定额与实物定额相结合，科学核定单位基本支出预算。

二、我国高等教育财政制度的实践探索

（一）高等教育预算编制和拨款方式的新变化

随着我国高等教育的不断改革和发展，传统的高等教育预算编制和拨款方式

---

① 周湘林. 中国高校问责制度重构——基于本科教学评估的新制度主义分析 [D]. 武汉：华中科技大学，2010.

② Burke J C. & Serban A M. Performance Funding for Public Higher Education：Fad or Trend [R]. Albany，NY：The Nelson A. Rockefeller Institute of Government，1998.

③ 李永宁. 高校绩效拨款框架体系的构建及其实现途径 [J]. 教育发展研究，2016（21）：49-55.

适用的环境发生了很大的变化，这些变化突出表现在以下四个方面：

第一，高校经费评价的新要求。2020 年 10 月，中共中央、国务院印发的《深化新时代教育评价改革总体方案》提出，改进高校经费使用绩效评价，引导高校加大对教育教学、基础研究的支持力度。① 在此背景下，传统的高校经费预算编制和拨款方式要想适应新时代高校经费评价改革的新要求，就必须进行改革。

第二，高校在校生人数有明显的增长。21 世纪以来，我国高等教育大众化和普及化进一步发展，高校学生规模的扩大促使高校向综合型方向发展，并体现出一定的规模效应。

第三，高校办学经费在 20 世纪 90 年代不断增长的基础上，又进一步提高，高校办学条件得到明显改善。以 X 省属高校为例，2015 年，X 省财政厅下拨资金 7.16 亿元，支持省属 14 所高校内涵发展，提升软实力。2021 年，X 省教育经费总投入达到 849.84 亿元，比 2010 年增长 173%。② 随着政府资金投入力度的不断扩大，提高资金使用效率和效益成为高校财政体制面临的新任务。而在新环境下使用传统的拨款方式可能会造成诸多问题，如资金分配结构问题、资金分配的公平与效率问题以及生均综合定额标准与学校实际难以相符等问题。

第四，传统意义上的高校分类正在发生改变，高校开设的学科门类呈现综合性发展趋势。近十几年，各高校改变了过去单一学科门类的发展思路（尤其是原单科性高校③），向综合性方向发展，逐渐增多学科门类。通常开设的学科门类涵盖了自然科学类（如理工类）与人文社会科学类（如经济、管理、法学、文学等）。即便是以农学为办学特色的学校，也开设了经济学、管理学等学科。在高校向综合性发展的背景下，只考虑学校类型的生均综合定额拨款方式面临诸多挑战。

（二）高等教育绩效拨款改革实践

受新公共管理理念、高等教育普及化和财政经费紧缩的影响，世界各国普遍实施高等教育绩效拨款政策。20 世纪 70 年代以来，绩效拨款已成为许多国家和地区的高等教育财政拨款方式之一。通过绩效拨款，政府既可以提高公共经费使用效益，又可以形成经费问责机制，进而有效达成治理目标。我国在 1985 年出

① 中共中央、国务院印发《深化新时代教育评价改革总体方案》［EB/OL］. http：//www.gov.cn/zhengce/2020-10/13/content_5551032.htm，2020-11-12.

② X 省财政下拨 7.16 亿元资金支持省属高校建设 ［EB/OL］. http：//www.gsedu.gov.cn/content-29749.htm，2020-03-12.

③ 单科性高校是指学科门类单一的高等院校。

台了《中共中央关于教育体制改革的决定》等一系列政策后，高等教育总经费中财政拨款比例从 20 世纪 80 年代的 98% 下降到 2005 年的 60% 左右。中央政府在拨款中引进竞争机制，设立了"211 工程""985 工程"专项资金，旨在提升办学质量、创建世界一流大学的绩效专项经费。国家的财政体制改革体现了高等教育改革的趋势：一方面，政府削减财政拨款在高等教育总经费中的比例，强调市场力量对高等教育的调节作用，鼓励高校多渠道筹集资金，同时加强政府监督和评审的功能；另一方面，引进竞争机制，改革财政拨款方式，提高拨款的效率和效益。

自 2002 年起，财政部对中央部门实施"基本支出预算+项目支出预算"的预算核定方式。我国高等教育从 1986 年起采用"综合定额+专项补助"的拨款模式，这种模式是对以往"基数+发展"拨款模式的改进。新拨款模式在一定程度上将高校的教育经费与其发展计划和招生规模相结合，以此来确定教育经费的投向和投量，有利于资源的合理配置。但该模式中经费分配依据过于单一，以致经费无法反映学校的实际办学成本，不能有效激励高校提高办学效益，无法成为政府引导和监督高校的有效依据。之后，财政部逐步加强对绩效预算管理的探索，陆续发布了《财政支出绩效评价管理暂行办法》《绩效预算管理工作规划（2012—2015 年）》《绩效预算评价共性指标体系框架》等规定。2010 年，教育部发布的《国家中长期教育改革和发展规划纲要（2010—2020 年）》指出，建立经费使用绩效评价制度，加强重大项目经费使用考评。2012 年，教育部发布的《国家教育事业发展第十二个五年规划》提出，设立高等教育拨款咨询委员会，完善高等学校财政支出绩效评价体系，构建以绩效为导向的资源配置机制。2016 年全国教育工作会议指出，政府要强化绩效评价，根据高校办学目标实现程度，对高校支持力度进行动态调整，避免只增不减。由此来看，绩效已然成为衡量我国高等教育拨款数额的重要因素。

三、高校财政改革的现实需求和发展机遇

（一）高等教育经费不足与规模扩大的矛盾

高等教育经费不足是全球高等教育发展面临的共同问题。各国政府承担高等教育费用的意愿和能力减弱，高校入学人数激增，高等教育逐渐普及，规模日益庞大，这些因素导致了高等教育财政越发紧张。经济合作与发展组织（Organization for Economic Co-operation and Development，OECD）2019 年发布的报告《高

等教育体系绩效基准》指出，高等教育面临的挑战之一是控制教育成本。[①]

自 1999 年高校扩招以来，我国高等教育规模急剧扩大，毛入学率从 1998 年的 9.8%上升至 2022 年的 59.6%，但是教育投入却没有相应地调整，财政性教育经费的增长速度远远低于高等教育规模的扩张速度。统计数据显示，2007 年我国教育经费投入 858.54 亿元，占 GDP 的比例仍在 3%左右，低于发展中国家的平均值 4.1%，处于欠发达国家的水平。自 2012 年开始，国家财政性教育经费占 GDP 的比重已经连续 4 年超过 4%。其中，财政性高等教育经费支出占财政教育经费总支出的比例平均保持在 20%左右。但我国财政性高等教育经费支出远低于发达国家，无法满足不断增长的高等教育需求。[②] 面对财政短缺的困境，若高校通过收取学费来扩充财源可能会产生一些负面影响，高额的学费可能会成为家庭的沉重负担，科尔曼（Kohrman）的研究发现，中国高等教育平均个人支出占家庭年收入的 66%，而美国仅为 24%。面对经费不足与规模扩大的矛盾，高校必须提高资金的利用效率，拨款制度改革刻不容缓。

（二）"双一流"高校建设的需要

2015 年 10 月，国务院发布《关于印发统筹推进世界一流大学和学科建设总体方案的通知》（以下简称《通知》），拉开了我国建设世界一流大学和学科的序幕。《通知》指出，创新财政支持方式，更加突出绩效导向，形成激励约束机制。资金分配更多考虑办学质量特别是学科水平、办学特色等因素，重点向办学水平高、特色鲜明的学校倾斜，在公平竞争中体现扶优扶强扶特。[③]《通知》对"双一流"建设经费的投入和使用主要有以下三方面要求：第一，总体规划，分级支持。总体规划体现在顶层设计和宏观布局方面上；分级支持体现在中央财政主要引导支持中央高校，地方财政主要统筹安排地方高校。第二，强化绩效，动态支持。强化绩效强调创新财政支持方式、健全绩效评价机制和绩效导向；动态支持则体现在根据建设高校自评报告和第三方评价结果，以及在稳定支持的基础上，根据具体情况动态调整支持力度。第三，多元投入，合力支持。这就是强调"双一流"建设资金的来源多渠道多元化，政府、社会和高校共建，尤其是高校作为建设主体，要挖掘社会资源建立健全社会支持长效机制，重点发挥高校校友

① 伍艳. OECD 发布《高等教育体系绩效基准》报告 [J]. 世界教育信息，2019（15）：74-75.

② 赵亚芳. 我国高等教育财政性经费支出问题研究 [D]. 郑州：郑州大学，2019.

③ 国务院. 国务院关于印发统筹推进世界一流大学和一流学科建设总体方案的通知 [EB/OL]. http://www.gov.cn/zhengce/content/2015-11/05/content_10269.htm，2019-12-23.

会和基金会的社会沟通和协调功能，汇聚尽可能多的社会资源。在此政策支持下，一批以"中国特色、世界一流"为核心的世界一流大学和一流学科逐步形成。

2017年1月，教育部、财政部、国家发展改革委联合发布了《统筹推进世界一流大学和一流学科建设实施办法（暂行）》，"双一流"战略进入了实质性操作阶段。"实施办法"进一步明确规定"创新支持方式，强化精准支持，综合考虑建设高校基础、学科类别及发展水平等，给予相应支持"。2017年9月22日，教育部、财政部、国家发展改革委印发《关于公布世界一流大学和一流学科建设高校及建设学科名单的通知》，第一个建设周期的"双一流"建设名单确定下来。①

2022年1月，教育部、财政部、国家发展改革委联合发布的《关于深入推进世界一流大学和一流学科建设的若干意见》指出，强化精准支持，突出绩效导向，形成激励约束机制，在公平竞争中体现扶优扶强扶特。② 以"双一流"建设为引领，中国高等教育大步走上了坚持特色发展、强调多样化探索、追求"中国特色、世界一流"的高质量发展道路。由此可见，加强高校财政绩效拨款，提高资金使用效率，对促进高校内涵式发展、提升高校教学科研能力、争创"双一流"建设具有重要意义。

第二节　文献综述

一、高等教育绩效拨款的相关研究

（一）高等教育绩效拨款的研究背景及现状

1. 国外高等教育绩效拨款的研究背景及现状

绩效拨款起源于新公共管理理论正在兴起的20世纪30年代，新公共管理理

---

① 中华人民共和国教育部. 关于印发《统筹推进世界一流大学和一流学科建设实施办法（暂行）》的通知［EB/OL］. http：//www.moe.gov.cn/srcsite/A22/moe_843/201701/t20170125_295701.html，2017-01-25.

② 中华人民共和国教育部. 关于深入推进世界一流大学和一流学科建设的若干意见［EB/OL］. http：//www.moe.gov.cn/srcsite/A22/s7065/202202/t20220211_598706.html，2022-01-29.

论的主旨是将市场竞争引入管理领域。新公共管理理论进入高等教育领域引起了人们对政府投资效率与效益的争论。而此时有关政府问责之风也不断渗入高等教育领域，随之产生对高等教育的问责。一系列问责之风的兴起使高等教育受到了诸多指责，高等教育投资改革进而开展起来。美国首先对高等教育投资采取了绩效预算。20世纪50年代，美国的联邦和地方政府尝试性地进行了绩效预算的实践工作。这一改革极大地强化了民众对政府教育投资的绩效意识，美国也正式将高等教育投资引到绩效评价的道路上。伴随着美国高等教育投资的绩效之风，英国在1979年开始推行"雷纳评审"，对高等教育投资进行绩效评价。1991年，英国又发起"公民宪章"和"质量竞争"等运动，进一步推动了绩效考评的广泛应用和评价技术的不断成熟。① 此外，荷兰、加拿大、法国、德国、澳大利亚、新西兰等国家也都先后引入并实施了高等教育绩效评价制度。这些国家的绩效评价主要强调政府投资的产出、结果、效率和质量，主张政府广泛采用项目管理、目标管理、质量控制与成本效益分析管理等方式，并重视政府支出对高等教育绩效目标的考核与评估。

如今西方国家高等教育绩效拨款的实践已经较为成熟，美国、英国、法国及德国等国在绩效拨款方面已经形成了固定的模式。学者们研究较多的是美国田纳西州和南卡罗来纳州的高等教育绩效拨款模式，这两个州的绩效拨款模式较为典型，在一定程度上可以代表美国高等教育绩效拨款的发展程度。1984年英国大学拨款委员会发布了绿皮书《90年代高等教育发展战略报告》，1987年英国教育科学部出台了白皮书《高等教育迎接挑战》，于1991年出台了《高等教育：新框架》，之后又于1997年出台了《迪尔英报告》。② 出台的这几大报告均对英国高等教育绩效拨款进行了规范，进一步完善了英国高等教育绩效拨款制度。戴雷克·博克（Dalek C. Burke）在《绩效拨款：质疑与解答》中主要探讨了绩效拨款在实施过程中遇到的问题，并对绩效拨款所受到的质疑进行了解答。绩效拨款的质疑内容包括绩效拨款的复杂性、高校的多样性和指标选择的单一性之间的冲突、高等教育质量评估的困难、绩效拨款的实施成本、绩效拨款水平问题以及对绩效落后高校的惩罚等问题。博克对以上质疑作了详细回答，并提出了绩效拨款

---

① 财政部国际司财政新视角——外国财政管理与改革 [M]. 北京：经济科学出版社，2003.

② 曲婧. 英国高等教育绩效拨款政策的演变及启示 [J]. 才智，2009（18）：65.

模式在解决这些问题上运用的方法。①

2. 国内高等教育绩效拨款的研究背景及现状

我国学者对高等教育绩效拨款的研究起步较晚，这与我国高等教育绩效拨款的实践开始较晚有关。我国自中华人民共和国成立后至今共有四种教育拨款模式：1985 年以前的"基数+发展"模式、1985 年至今的"综合定额+专项补助"模式、2002 年开始试行的"基本支出预算+项目支出预算"模式、20 世纪 90 年代实行的"教育专项经费实施项目管理"模式。从这四种拨款模式来看，绩效拨款的因素不断增强，尤以 90 年代实行的"教育专项经费实施项目管理"模式最为明显。我国绩效考评思想的发展流程可以分为三个阶段：计划思想主导阶段（1949～1979 年）、绩效考评思想萌芽阶段（1979～1985 年）、绩效考评思想形成与发展阶段（1985 年至今）。

随着我国高等教育拨款方式的改革和绩效思想的转变，我国学者开始进行绩效拨款的理论研究。最早提出引入绩效拨款概念的是官风华，他认为，某一学校应得的拨款数额以学校的绩效为基础，而绩效的表征指标通常是毕业生数和科研产出，这种拨款叫作产出拨款。② 丁琼和马涛等认为绩效拨款模式是指政府拨款以高校的办学和科研成果为主要依据，有利于提高高校的教育教学质量。③ 陈伟认为绩效拨款是以绩效为基础，根据高校过去在某些方面的突出表现确定拨款款项，并指定专门用途。这种拨款方式其实是政府日益关注大学经费的使用效率，关心大学教育质量的结果，是高等教育的大众化发展趋势与高等教育公共预算有限两种力量共同作用的必然产物。④ 刘海波认为引入绩效管理后，政府对高校的管理要强调高校的工作与高校的发展规划目标相统一，政府对高校的督导更多地从宏观角度把握，通过财政状况和绩效评价结果评价高校在运行机制和资源配置效率等方面的表现。更重要的是，政府要运用绩效预算对高校的拨款进行调整，从而促使高校改进工作，更好地满足政府和社会的问责要求。此外，还有一些研究引用西方绩效拨款理论或运用实践经验研究我国高等教育绩效拨款问题。⑤

王莉华认为我国现有绩效拨款采取了竞争性绩效拨款和绩效专项经费拨款两

---

① Dalek C. Burke. Performance Funding：Arguments and Answers ［J］. New Direction For Institution Research，1998，25（1）：85-90.

② 官风华. 美国高等教育拨款模式研究 ［J］. 教育发展研究，1995（1）：69-72.

③ 丁琼，马涛. 国际高等教育拨款机制比较及启示 ［J］. 理工高教研究，2005（4）：28-29.

④ 陈伟. 西方高等教育的政策变革与经费模式的结构性调整 ［J］. 高等教育研究，2002（5）：91-95.

⑤ 刘海波. 公共财政视野下的绩效拨款与学校绩效管理 ［J］. 全球教育展望，2008（10）：65-68.

种形式。竞争性绩效拨款分别为：以项目为主的竞争性经费，如国家科技攻关计划、"863 计划"、国家自然科学基金、教育部人文社会科研基金、国家社会科学基金及"973 计划"等；针对高校人才培养的竞争性经费，如霍英东教育基金、王宽诚教育基金和李嘉诚基金等；绩效专项经费，如"211 工程""985 工程"和国家示范性高等职业学校建设计划。[①] 魏良华分析了以美国和英国为代表的西方国家在绩效拨款和绩效预算方面的变革。在此基础上提出我国高等教育绩效拨款和绩效预算管理改革的思路：树立绩效理念，改革拨款制度，考虑绩效因素以及建立健全高等教育绩效拨款的评价体系等。[②] 孙志军和金平指出绩效拨款的动力来源于以下几个因素：促使大学提高效率，将结果导向和顾客中心的理念植入高校；将资金分配与教育生产联系起来，以使那些培养学生更多和质量更高的学校得到更多的资源；避免学业标准受到侵蚀；促使高等教育财政资源的分配机制更简单、公平、透明和自主；促进大学之间的质量竞争。[③]

近年来，我国高等教育财政拨款一直采用基本经费加项目经费的模式。由于国家宏观经济持续稳定增长，高等教育财政资金也随之增长，生均高等教育经费逐年提高。同时，社会各界对高等教育经费的使用效益持续关注。在高等教育内涵式发展的大背景下，高校管理部门对教育质量的重视达到了前所未有的程度。我国对高等教育质量的监控多以评估为主，很少将评估结果与财政拨款直接挂钩。一些比较发达的地区也开始进行绩效拨款实践，比如北京市从 2011 年开始，根据专项经费的预算绩效考评结果、预算编制质量、支出进度、审计结果、政府采购投诉情况等对高校进行奖励。总的来说，高等教育财政绩效拨款在我国还处于起步阶段，从理论到实践都有待进一步探讨。

（二）高等教育绩效拨款模式研究

我国学者对高等教育绩效拨款模式的研究主要有以下六种。第一种，高等教育基金制模式。魏新等从分析我国现行高等教育拨款体制的利弊入手，论述改革拨款体制的必要性，在对当前国际上几种有代表性的高等教育拨款体制进行比较的基础上，提出建立高等教育基金制。[④] 李文利等提出我国应该实施"普通基

① 王莉华. 我国高等教育绩效拨款的局限与对策 [J]. 中国高教研究, 2010 (5)：13-14.
② 魏良华. 国外基于绩效的高等教育财政预算管理对我国的启示 [J]. 科技信息, 2008 (23)：191-192.
③ 孙志军, 金平. 国际比较及启示绩效拨款在高等教育中的实践 [J]. 高等教育研究, 2003 (3)：92.
④ 魏新, 官风华, 陈良焜. 关于我国实行高等教育基金制的研究 [J]. 高等教育研究, 1994 (4)：38-45.

金+专项基金"的拨款模式，并初步构建了这一拨款模式，强调将绩效指标引入拨款机制，进一步提高办学效益。第二种，高等教育成本绩效拨款模式。① 官风华和魏新提出高等教育成本公式拨款模式，并对成本公式进行了构建，将成本结构分解为教学费用、公共教学辅助费用、行政费用、学生生活费用、建筑维修费、后勤服务费用、离退休人员费用和其他费用。这种拨款模式从严格意义上说并不是绩效拨款模式，但是这种拨款方式也考虑了较多的绩效因子。② 王寰安等认为我国高等教育应该增强拨款的选择性和评价拨款，建立专门的拨款和评价机构，实行以成本和绩效为基础的拨款方式。拨款按照大学教学拨款、基础设施建设拨款和社会服务拨款三部分进行，这种拨款模式注重成本与绩效两重因素。③ 第三种，"公平+绩效"为导向或"公式+合同+绩效"为导向的拨款模式。李宏葱和杨卫东提出兼顾竞争"公平""绩效"原则，将高校经费拨款分为日常运行拨款和专项拨款。日常运行拨款使用"综合定额拨款法"，专项拨款使用"专项合同拨款法"。"综合定额拨款法"以公平为导向，"专项合同拨款法"以绩效为导向。④ 田凤喜认为高等教育拨款方式应该多元化，即针对不同拨款方式的特点，实行"公式+合同+绩效"的方式组合，试行教育券等间接拨款方式，提高高校资金的利用效率。⑤ 第四种，教育凭证拨款模式。樊继轩等参考米尔顿·弗里德曼（Milton Frideman）等的教育凭证模式，结合我国国情初步构建了以绩效为特征的教育凭证拨款模式。这种把拨款换成定额教育券的间接拨款模式引入公平竞争机制，充分体现以绩效为导向。⑥ 第五种，"层次定额+绩效发展"拨款模式。张炜提出，为了使教育公平在高等教育资源配置中体现得更明确，我国应该实施"层次定额+绩效发展"的高等教育财政拨款模式。这种模式分为以下三步：首先对既定层次的高校按上一年财政拨款的中位数确定该层次高校的拨款定额；其次考虑高校因专业差异造成的财政需求差异，对部分高校进行专业补贴；最后结合高校本科教学评估的指标评价结果，深化对高校办学质量和绩效评

①　李文利，魏新. 中外高等教育拨款方式比较与中国高校拨款制度改革趋势［J］. 上海高教研究，1997（12）：34-38.

②　官风华，魏新. 高等教育拨款模式研究［J］. 教育研究，1995（2）：23-24.

③　王寰安，张兴，包海芹. 中国高等教育拨款模式改革研究［J］. 江苏高教，2003（3）：9-12.

④　李宏葱，杨卫东. 建立以"公平+绩效"为导向的经费拨款制度［J］. 当代教育论坛，2006（11）：41-42.

⑤　田凤喜. 谈我国高等教育拨款方式的改革［J］. 商业时代理论，2005（26）：9-10.

⑥　樊继轩，窦继来，汤保梅. 以绩效为特征的教育凭证拨款模式的探讨［J］. 黄河科技大学学报，2008（5）：21-24.

价的研究和实践，并将评价考核结果作为追加绩效拨款的重要依据。① 第六种，绩效预算理论模型。宋彬提出了政府教育绩效预算理论模型，其核心思想是把对复杂的政府工作的考量简化为对效果和产出的评估，然后运用数学模型对其进行设定，从而构建绩效预算的理论模型。②

（三）高等教育绩效拨款的国际经验研究

国外高等教育绩效拨款的研究以国别研究成果最为丰富，而且形式多样：按类型分为政策分析和影响评估，按照研究方式分为定量和定性分析，按照研究者可以分成政府评估报告、第三方或学者的研究成果。

1. 美国高等教育绩效拨款研究——以田纳西州为例

美国高等教育的绩效拨款最早在 1979 年产生于田纳西州，然而在其后的 10 年中，该政策并未得到广泛的采纳。因此，这个时期，绩效拨款政策并没有引起研究者的广泛关注，仅有一些对绩效拨款政策、绩效评价指标的介绍和评论性文章，实证研究非常缺乏。这个时期比较有代表性的实证研究是当时任教于田纳西大学的班塔（Banta）教授及其研究团队进行的有关田纳西州的一系列个案研究，其研究的侧重点是分析绩效评估指标的设定、使用及其影响等。从 20 世纪 90 年代开始，由于各种社会因素的影响，绩效拨款政策开始得到广泛实施，这一政策也得到越来越多研究者的关注。③ 除介绍、评论性文章和分析报告外，这个时期对该问题的实证研究主要分为两大部分：一部分是对采纳该制度的州进行深入的个案研究，如班塔（Banta）、弗里曼（Freeman）等，富尔（Fore）对南卡罗来纳州的研究等。④ 与前期主要关注绩效评估指标的设置不同，这个时期个案研究的主题集中在政策执行过程和政策对高校行为和绩效的影响这两个方面上。另一个值得关注的研究是美国州高等教育财政官员委员会委托伯克（Burke）等做的有关绩效拨款政策采纳情况的全国性问卷调查。⑤ 该调查从 1997 年开始，每年进

① 张炜. 资源配置公平视角下的高等教育财政拨款模式 [J]. 江苏高教，2008（5）：36-37.

② 宋彬. 政府教育绩效预算理论模型——经验借鉴与实证分析 [D]. 上海：同济大学，2007：24-26.

③ Banta T. W. & Fisher H. S. Performance Funding：Tennessee's Experience [J]. New Directions for Higher Education，1984，48（12）：29-41.

④ Fore M. J. South Caro Lina's Performance Funding：Rationale for the Benchmarks and the Possible Impact on Technical Colleges [D]. Columbia：University of South Carolina，1998.

⑤ Burke & Joseph C. Funding Public Colleges and Universities for Performance：Popularity，Problems，and Prospects [M]. N. Y：Rockefeller Institute Press，2002.

行 1 次，共开展了 7 次。虽然这些调查仅做了简单的描述性分析，但它使人们对美国各州绩效问责制的实施现状有了清晰的认识，而且为之后的各种定量研究提供了宝贵的数据支持。2005 年后，绩效拨款政策不仅受到更多州的关注，而且得到联邦政府和一些全国性组织（如比尔·盖茨基金会等）的推广。① 这段时间，有关绩效拨款制度的研究也迅速增加。大部分研究关注的主题仍然是绩效拨款政策的影响与效果。除了个案研究，针对全美各州的量化研究开始出现。除了政策影响和效果的研究，这个时期还有一些学者开始关注绩效拨款政策的实施过程。这些研究从州内部因素和扩散传播因素等方面对政策采纳原因、政策失败原因和政策稳定性等议题进行了分析。

2. 英国高等教育绩效拨款研究

1984 年，迈克尔·沙托克（Michael Shattock）对 1979 年后英国高等教育面临的丧失政治支持、拨款削减和生源减少三大压力做出了详细的阐述，并分析了在这些压力下高等教育系统已经出现和未来可能出现的理念和结构的变化。② 他指出，大学委员会的拨款方式已经发生变化，它的整体工作方式和结构都面临改革，比如增加企业界人士在委员会中的比例、更加有选择性地分配一般科研经费等。1994 年，在《大学拨款委员会和英国大学管理》一书中，沙托克详细描述了作为缓冲机构的大学拨款委员会自 1919 年成立以来的发展历史，包括 20 世纪 70 年代末以后的职能变化。③ 他阐述了大学拨款委员会、研究委员会及大学内部管理模式之间的关系，并对大学拨款委员会在华威大学（University of Warwick）成立中的影响进行了全面分析。他还论述了过去 50 年内英国高等教育政策制定的主导力量由内部向外部转移的全过程。④ 他认为，20 世纪 70 年代末以前，英国高等教育政策的制定大多由高等教育的内部力量（主要是高校）推动，而后基本上由外部力量（主要是政府部门）主导。他认为政府主导的政策制定机制会使高等教育体制僵化，建议高校实行新的政策制定机制。威廉姆斯（Williams）

① Harnisch T. Performance - based funding: A reemerging strategy in public higher education financing [M]. Washington D. C: American Association of State Colleges and Universities, 2011.

② Shattock M. British Higher Education Under Pressure: Politics, Budgets, Demography and the Acceleration of Ideas for Change [J]. European Journal of Education, 1984, 19 (2): 201-216.

③ Shattock M. The UGC and the Management of British Universities [M]. Buckingham: Open University Press, 1994.

④ Shattock M. Policy Drivers in UK Higher Education in Historical Perspective: "Inside Out", "Outside In" and the Contribution of Research [J]. Higher Education Quarterly, 2006, 60 (2): 130-140.

分析了 20 世纪 80 年代英国高等教育经费市场化和多元化改革的过程和影响。① 罗莎琳德·普理查德（Rosalind Pritchard）研究了英国保守党上台后推行的高等教育市场化改革，分析了政府通过改革拨款方式推动高等教育市场化的改革措施。普理查德指出，政府行使权力推动改革的方式所表现出来的政府干预行为与其推行的自由竞争和市场的理念背道而驰。② 普理查德认为，政府加强对高等教育控制和管理的原因在于市场力量无法有效调节高等教育发展。他建议政府根据社会的发展改进高等教育管理理念，提高宏观管理的效率。巴拉姆·贝克拉迪尼亚（Bahram Bekhradnia）描述了英国政府、高等教育经费委员会和大学之间的关系，阐述了高等教育经费委员会的拨款原则和拨款方式，尤其是公式拨款改革、与大学签订的财务备忘录等方面。③ 他认为，英国政府、高等教育经费委员会和大学之间的互动产生了三大影响，即高校面临的质量监督和控制更加严格、高校的使命和行为出现同化趋势和高校追求自身利益的行为影响系统整体利益的最大化。

通过对已有研究成果的分析，可以看出高等教育绩效拨款的思想源于西方。西方的高等教育绩效拨款是在理论引导下，通过政府的政策支持，经过实践的不断探索，逐渐形成的规范制度。而我国对绩效拨款的研究起步较晚，高等教育绩效拨款的实践也落后于西方国家。因此，我国高等教育绩效拨款需要在借鉴西方国家经验的基础上，立足我国高等教育的实际情况，探索具有本土特色的高校绩效拨款方式。

（四）高等教育财政体制改革的影响评价

德布·戈什（Deb Ghosh）和蒂莫西·罗杰斯（Timothy Rodgers）通过对英国的大学和多科技术学院多学年数据库的统计分析发现，英国高等教育财政改革实现了扩大高等教育规模和提高效率两个目标，但是未能提高高等教育质量。他们的研究发现，大学和多科技术学院的生师比增长速度均高于平均教师财政支出的增长速度，其中多科技术学院尤其明显。因此，教育质量的提高无法通过提高

① Williams G. Changing Patterns of Finance in Higher Education ［M］. Buckingham, England：Open University Press，1992.

② Pritchard R. Government Power in British Higher Education ［J］. Studies in Higher Education，1994，19（3）：253-266.

③ Bekhradnia B. Government, Funding Council and Universities：Hoe Should They Relate? ［EB/OL］. http：//www. hepi, ac. uk/downloads/7% 20Government，20% Funding20% Council20% University20% How20% Should20%They20%Ralate. doc，2020-04-06.

效率实现，因此必须增加教育支出。[①]

卡瑟（B. Casu）和萨那索里斯（E. Thanassoulis）通过分析英国 108 所高校 1999~2000 学年的经费支出数据，衡量高校内部管理的成本效率。他们以高校总管理成本为投入变量，以全日制等量学生人数、教职工服务支出和技术转换支出为三个产出变量，利用数据包络分析法（Data Envelopment Analysis）得出投入与产出之间存在着较强的正相关，而且高校的平均管理成本效率比理想值（100%）低 26.6%，存在较大的改进空间。他们的研究结果显示，老牌大学科研领域的管理成本效率高于新大学，而新大学在教学领域的管理成本效率高于老牌大学。此外，高校规模对管理成本效率没有影响。

约翰·泰勒（John Taylor）通过对 1996 年和 2001 年高校科研经费、学生数量、授予学位数量、参与科研评价活动的科研人员数量进行统计分析后认为，英国高等教育的二元制[②]废除后，高校多元化发展趋势加强，尤其是科研活动的多样性加强，高校之间的科研经费占总经费的比例、科研经费的来源、学术人员的科研活动量、承担的科研活动类型（基础或应用）、科研设施（图书馆、昂贵设备）以及全日制研究生的数量和比例等方面的差异性均有所扩大。泰勒指出，英国高校的多元化发展并非政府规划和协调的结果，而且与其他国家相比多元化程度仍然较低。[③]

（五）我国高等教育财政拨款机制研究

王善迈指出，我国高等教育"综合定额+专项补助"的拨款方式虽然保证了高校的正常运行，体现了高校之间在享有政府拨款上的公平，但是缺乏激励高校提高资源利用效率的机制。因此他建议教育主管部门采用包含公平、效率、效益和政策目标在内的多重目标合理组合的拨款公式。他同时提出设立高校评估机构对高校资源利用效率和效益进行定期评估，并成立拨款机构对高校进行按公式拨款。[④] 王善迈和袁连生通过对 20 世纪 90 年代后半期我国高等教育财政体制改革的分析，发现高等教育资源配置的不均衡性再加剧。在资源总体短缺的情况下，

① Ghosh D. & Rodgers T. Government Financial Strategy in UK Higher Education: The Relationships Between Quality, Quantity and Efficiency [J]. Quality Assurance in Education, 1999, 7 (4): 197-208.

② 英国高等教育的"二元制"是指在 1966~1992 年由"自治"的大学和"公共控制"的非大学构成的高等教育体制。

③ Tayor J. Institutional Diversity in UK Higher Education: Policy and Outcomes Since the End of the Binary Divide [J]. Higher Education Quarterly, 2003, 57 (3): 266-293.

④ 王善迈. 改革教育财政拨款体制，提高教育资源配置效率 [J]. 教育研究，1995 (2): 20-22.

我国长期实行不均衡发展战略，有选择性地分配资源，"211 工程"专项资金的实施强化了高等教育资源配置的不均衡性。① 陈学飞分析了"985 工程"政策的形成过程，认为"985 工程"是一个理想导向型的政策制定过程。② 他指出，"985 工程"政策的制定是一个先"自下而上"再"自上而下"、大学与政府合作和互动的过程。在这个过程中，以北京大学为首的高校与政府达成了建设"世界一流大学"的共同政策诉求。陈学飞还讨论了"985 工程"政策面临的诸如目标模糊、目标实现代价难以计算、政府未来支持不确定以及政策实施可能导致的负面影响等问题。

孙国英等研究了我国教育财政体制，详细论述了我国教育财政预算编制、审批与拨付、教育财政决算的程序与方法、教育财政的监督与评估及教育公共支出的改革与发展趋势。③ 李子彪等认为，我国教育财政体制改革应遵循改革拨款体制，提高教育资源配置效率；建立多重目标组合的拨款标准；建立高等教育基金制；健全适应我国市场经济发展的高等教育拨款机制等。④

20 世纪 90 年代，魏新等分析了我国高等教育拨款体制的弊端，在参考了国际上几种有代表性的拨款机制之后，提出了建立高等教育基金制的建议。⑤ 此后，李文利和魏新进一步深化了建立高等教育基金制的建议，提出了普通基金加专项基金的分配方式，并设计了普通基金拨款公式，分析了拨款公式设计依据的成本结构和影响因素，⑥ 引入了反映教育内部效益的绩效指标，如生均成本、边际成本和生均建筑面积等。

王雪峰建议改革我国的高等教育管理体制，建立真正的产出型拨款机制，所有高校都由中央和地方教育部门管理；教育拨款与基础研究拨款分离，其中教育拨款由中央、省和地方三级政府的高等教育基金会负责，基础研究拨款由中央和

① 王善迈，袁连生 . 2001 年中国教育发展报告——90 年代后半期的教育财政与教育财政体制 [M]. 北京：北京师范大学出版社，2002.

② 陈学飞 . 理想导向型的政策制定——"985 工程"政策过程分析 [J]. 北京大学教育评论，2006 (1)：145-157.

③ 孙国英，许正中，王铮 . 教育财政：制度创新与发展趋势 [M]. 北京：社会科学文献出版社，2002.

④ 李子彪，赵海利，王红 . 教育财政学研究 [M]. 广州：广东人民出版社，2003.

⑤ 魏新，官风华，陈良焜 . 关于我国实行高等教育基金制的研究 [J]. 高等教育研究，1994 (4)：38-45.

⑥ 李文利，魏新 . 中外高等教育拨款方式比较与中国高等学校拨款制度改革趋势 [J]. 上海高教研究，1997 (12)：34-38.

省两级政府的高等教育基金会负责。① 李福华认为"211 工程""985 工程"等政策拨款中没有考虑效率标准，建议国家在拨款时引入效率标准，高校的拨款总额应该是公平拨款、效率拨款、声誉拨款和政策拨款之和。② 刘洪宇等以湖南省为例，对地方高校财政拨款体制的多元化结构进行实证研究。由于存在多级多头或同级多头财政拨款，同类高校在获得财政经费上存在严重的不平衡，高校财政经费操作较为复杂，效率较为低下。他建议将现有的多级多头财政拨款体制转化为经常性财政拨款，建设性财政投入形式由一级、一头负责的新体制，将现有的地方高校财政拨款单位改为省教育厅财政拨款单位、市（州）财政拨款单位和省行业厅局财政拨款单位，确保高校财政拨款渠道的畅通。③

线联平等在对英国高等教育拨款制度进行考察的基础上，对北京市高等教育拨款制度进行了研究分析，并提出了高校拨款制度改革的建议，即构建完善的拨款体系，完善资金供给机制，进一步完善财政经费的分配机制，在扩大高校财政自主权的同时完善问责机制，加强基本信息系统的建设。④

熊筱燕探讨了江苏实施高等教育绩效拨款制度中存在的问题。江苏高等教育拨款主要关注教育数量（教育规模），对教育质量和办学效益关注不够，无法引导高校实现教育数量与教育质量的统一，无法激励高校提高办学效益，建议在实施高等教育绩效拨款制度的过程中，要在保证高校维持基本运转教学经费需要的基础上，使绩效评价与拨款增量挂钩，利用绩效评价引导学校向政府所期待的目标发展。⑤

吴晟和陈牛则在比较分析湖南省地方高校多目标财政拨款模式、基数加增长模式和调控性专项拨款模式的基础上，针对其中存在的问题，提出采用公平、效率、效益、政策等多重目标合理组合的拨款思路，同时以标准学生人数作为拨款分配指标，引入简单有效的多政策参数进行调控，以此来改革湖南省地方高校财政拨款模式，引导高校提升资金使用效率，增强高校服务区域经济社会发展

① 王雪峰. 高等教育资本运营 [M]. 北京：知识产权出版社，2002.
② 李福华. 高等学校资源利用效率研究 [M]. 北京：北京师范大学出版社，2002.
③ 刘洪宇等. 试论地方高校财政拨款体制的多元化结构 [J]. 教育研究，2003（10）：87-92.
④ 线联平等. 北京市高等教育拨款制度的改革与创新——基于对英格兰高等教育拨款制度的考察 [J]. 经济与管理研究，2007（9）：57-61.
⑤ 熊筱燕. 江苏实施高等教育绩效拨款制度的路径选择 [J]. 江苏高教，2007（1）：56-58.

能力。①

赵玉麟和沈健对以大学教育资助委员会和研究资助局为主体的政府拨款机制和以学校学生数为基点的学科布局战略、以教职工薪酬改革为契机的人才市场战略、以配套资金为激励的大学自立战略等拨款战略进行研究分析。建议加强对高等教育的投入，利用拨款政策对学校办学行为进行有效指导和规划，培育大学的市场意识和竞争意识。②

罗晓华和陈工针对我国高等教育需求压力巨大、规模迅速扩张、质量问题凸显、投入不足等诸多问题，提出实施高等教育财政拨款模式改革的设想。他认为，我国高等教育财政拨款模式改革的目标为：借鉴国外有益经验，提高高等教育财政拨款与管理的科学性、公开性和公平性，强调资金分配的竞争性、择优性及效益性。在拨款机制改革方面，构建"政府—中介—学校"三方协调运作机制模式；在拨款方式上，由单一的"综合定额+专项补助"模式改为"公式+合同"复合模式。③

唐文秀基于教育公平的视角，立足于政府、社会和高校的博弈关系提出了我国高等教育财政拨款体制的公平对策。④ 伍国艳基于公平与效率视角对高等教育财政拨款模式进行研究，认为我国高等教育财政拨款应当突破现行的"综合定额+专项资助"模式，构建以"公平和绩效"为导向、以大学基金委员会为主体的财政拨款新模式。⑤

张继明基于绩效与竞争的视角，对我国高等教育财政拨款体制改革由计划性分配向绩效竞争拨款的转向展开论述分析，认为加大绩效拨款权重、引入竞争机制是我国高等教育财政拨款体制改革的基本走向。⑥ 黄丽认为在财政拨款模式方面，应将高等教育绩效评估结果与拨款直接挂钩，把财政拨款分为事业性经费拨款、项目经费拨款、科研经费拨款和学生资助经费四个方面，设计基于公平与绩

① 吴晟，陈牛则. 改革地方高校财政拨款模式的对策思考 [J]. 湖南人文科技学院学报，2007 (12)：89-91.
② 赵玉麟，沈健. 香港政府的大学拨款战略及其启示 [J]. 高等教育研究，2008 (1)：99-104.
③ 罗晓华，陈工. 我国高等教育财政绩效拨款模式改革的思考 [J]. 当代财经，2008 (4)：27-30.
④ 唐文秀. 高等教育财政拨款体制研究 [D]. 济南：山东师范大学，2010.
⑤ 伍国艳. 基于公平与效率的高等教育财政拨款模式研究 [D]. 武汉：武汉理工大学，2006.
⑥ 张继明. 我国高等教育财政拨款机制改革探微——基于绩效与竞争的视角 [J]. 复旦教育论坛，2008 (4)：13-16.

效的高等教育财政拨款模式。^① 胡帆从经济学角度对高校财政投入绩效进行了评价分析，阐述了高校财政投入绩效评价实施流程。同时结合发达国家经验，探索了我国高校的绩效拨款模式，提出了基于绩效评价结果的高校财政投入管理的优化路径。^②

（六）高等教育绩效拨款比较研究

本·容布洛德（Ben Jongbloed）对 11 个经济合作与发展组织（OECD）成员国高等教育拨款体制进行比较，着重分析绩效因素在拨款体制中的应用情况。研究结果显示，尽管近年来各国政府越来越强调拨款的效率和效益，但是只有少数国家明确地采用了绩效拨款方式。容布洛德将绩效拨款方式定义为根据产出因素分配经费的方式。按照投入和产出因素的二维尺度，容布洛德对 11 个国家的教学和科研经费拨款方式进行了分类，如表 1-1 所示。^③

表 1-1　OECD 国家高等教育拨款方式

国家	教学拨款	科研拨款
澳大利亚	投入因素	部分按产出因素分配
丹麦	产出因素	投入和产出相混合，投入为主
荷兰	产出与投入因素相结合，产出为主	投入和产出因素相混合，投入为主
瑞典	产出与投入因素相结合，产出为主	投入因素
法国	投入因素	投入与产出相混合，投入为主
日本	投入因素	投入与产出相混合
新西兰	投入因素	投入与产出相混合
英国	投入因素	产出因素
美国	投入为主，向投入和产出相结合过渡	投入为主，向投入和产出相结合过渡
比利时	投入因素	
德国	投入因素	

注：比利时和德国的教学和科研经费是结合在一起分配的。

容布洛德（Hazledine）等的研究表明，按照投入产出因素对高校进行拨款是

① 黄丽．基于绩效评价的高等教育财政拨款问题研究［D］．长沙：长沙理工大学，2009.

② 胡帆．高等学校财政投入绩效评价研究［D］．武汉：武汉理工大学，2013.

③ Jongbloed B. Performance‐based Funding in Higher Education：An International Survey［EB/OL］. http：//www. education. monash. edu. au/centres/ceet/docs/seminars/paperjongbloed. pdf, 2020‐09‐06.

相对的。一些国家的高等教育拨款方式难以区分拨款中具体有多少比例是根据绩效因素分配的，比如法国、丹麦和瑞典按合同拨款，而每个高校合同的独特性使全国性的整体分析较为困难。① 大部分（7 个）国家教学经费的分配依然完全由投入因素决定，美国部分州的教学经费分配考虑了产出因素但投入因素仍占主导地位。只有丹麦的教学经费完全按照产出因素——学分进行分配，瑞典和荷兰的教学经费分配中产出与投入因素的影响并重。在科研经费拨款方式中，产出因素的影响更加广泛。只有 3 个国家的科研经费拨款方式未考虑绩效因素，多数国家（7 个）采取投入和产出因素相结合的混合拨款方式。只有英国的科研经费几乎完全根据产出因素分配。

英格·里夫纳（Ingo Liefner）对比分析了不同拨款方式对高校学术人员行为的影响。里夫纳选择高等教育拨款方式比较有代表性的英国、美国、德国、荷兰和瑞典 5 个国家进行研究，每个国家选择一至两所高校为个案，在 1998 年和 1999 年开展访谈和实地考察。里夫纳的研究假设是高校实施绩效拨款的效果取决于高校学术人员的积极性和风险处理方式，结果表明：实行绩效拨款激励了学术人员工作更加努力（承担更多的工作量），增加了产出，却导致他们更加倾向于避免承担风险，不涉足自己不熟悉的研究领域。相反，缺乏绩效拨款政策的高等教育系统允许高校学术人员承担比较高的研究失败风险，但是无法调动学术人员的工作积极性。②

阿金森—格鲁斯金（Atkinson-Grosjean）等通过对美国、英格兰、荷兰、瑞典、澳大利亚和新西兰六国的比较研究发现，各国的绩效拨款方式和适用的高等教育经费类别存在较大的差异，而且各国高等教育界对绩效拨款方式的反映褒贬不一。③ 尽管各国绩效拨款方式之间存在显著差异，但都是同一理念"公共负责制"因环境和实施过程不同而产生的具体表现形式。绩效拨款方式是"评估型政府"的规范工具，高校需重新定义负责制，使高校重新处于社会和社区的中心。绩效拨款改革主要体现在系统层次、技术层面、高校内部管理、教学和科研以及教师五大方面的影响上。

① Hazledine T. & Kurniawan C. Efficiency of New Zealand Universities and the Impact of the Performance Based Research Fund [J]. New Zealand Economic Papers, 2005, 39 (2): 153-179.

② Liefner I. Funding, Resource Allocation and Performance in Higher Education Systems [J]. Higher Education, 2003, 46: 469-489.

③ Atkinson-Grosjean J. & Grosjean G. The Use of Performance Models in Higher Education: A Comparative International Review [J]. Education Policy Analysis Archives, 2000, 30 (8): 1-35.

中国也有很多高等教育拨款机制的比较研究成果。汪利兵对20世纪90年代初以前中国和英国的高等教育经费概况、教学经费和科研经费拨款机制以及学生资助制度进行了研究。① 杨明对国际高等教育面临的资金问题、筹资模式、公共资助与私人资助、产业界对高等教育资金的贡献等问题进行了综合和国别分析。② 此外，杨明从市场化改革的角度，分析了政府、市场和高校在高等教育运行中的相互关系和作用，并对中国、美国和英国的高等教育经费筹措的市场化改革进行了具体的国别研究，探讨三个国家面临的问题和解决办法。③ 范文曜和马陆亭分析了国际高等教育评估对拨款影响的发展、特点和形式，具体介绍了法国、德国、英国、日本和美国的高等教育评估与拨款之间的关系，并对中国高等教育拨款与评估进行了回顾和展望。④

通过对已有文献的梳理分析，可以发现的研究成果主要在研究内容方面存在一些不足：第一，内涵式发展是我国当前及今后高等教育改革发展的内在要求，财政拨款则是高等教育内涵式发展强有力的支持和重要保障，财政拨款如何适应新时期高等教育内涵式发展需求？国内学术界关于此方面的研究数量较少，内容良莠不齐，即便在研究成果中有所体现和反映，也缺乏系统性和研究深度。第二，国内关于高等教育绩效拨款的研究较少，研究内容大多集中在对高等教育拨款机制上，且多以宏观分析为主，缺乏对具体运作机制的微观分析和实证性研究。即使有的学者对我国高等教育财政实施绩效拨款进行了研究，大多数研究也是论述其重要性和必要性，对如何实施绩效拨款这一问题研究不足，对于操作层面如何开展绩效评估以及如何将绩效评估与拨款相结合，则涉及较少。第三，我国学者的比较研究大多是关于绩效拨款方式的分类、特征或技术层面的描述性比较，在政策的成因和影响方面的分析上缺乏系统性和深度比较。而国别研究大多着重分析绩效拨款政策的某一方面，如政策的形成或改革过程、绩效拨款方式及影响。还没有一项研究能比较全面地、详细地分析某一国家如中国或英国等高等教育绩效拨款政策的形成、绩效拨款方式及其影响。

① 汪利兵．中英高等教育拨款机制比较研究［D］．杭州：杭州大学，1994.
② 杨明．国际高等教育财政改革研究［M］．长春：吉林人民出版社，2003.
③ 杨明．政府与市场：高等教育财政政策研究［M］．杭州：浙江教育出版社，2007.
④ 范文曜，马陆亭．国际视角下的高等教育质量评估与财政拨款［M］．北京：教育科学出版社，2004.

二、高等教育成本的相关研究

(一) 高等教育成本的内涵

袁连生认为教育成本是为使受教育者接受教育所耗费的资源价值，包括社会成本、学校成本和个人成本。高校教育成本就是提供教育服务的成本，只有与提供教育有关的支出才可以计入教育成本。[①] 伍海泉认为高等教育成本是高等学校办学成本，即高等学校为实现其基本教育职能，在教育教学过程中所发生的直接的、以高等学校作为成本计量主体的、为完成教育服务职能（不包括学校其他社会职能）所耗费的物化劳动和活劳动的价值表现。[②] 刘建民等认为高等学校成本是指高等学校为实现其教学、科研和社会服务功能所需要投入的经济价值。[③] 万寿义和曲京山从经济学和会计学角度定义了广义和狭义的高校教育成本。广义的高校教育成本既包括高等学校的实支成本，也包括高校的机会成本。狭义的高校教育成本只包括高校实支成本，不包括高校的机会成本，应计入成本的支出包括人员经费成本、公用经费成本、资本性成本、对个人和家庭的补助成本以及养老保险支出等其他与教育相关的成本。[④]

(二) 高校成本的构成

高校成本是指高校在培养学生过程中耗费的社会直接成本。明确高校成本构成是对高校成本进行核算和估计的基本前提。在实际计量中，高校成本中到底应该计入和排除哪些项目，需要从理论和实践等方面进行探讨。王善迈将高校成本分为人员成本、公用成本和固定资产成本三大类。其中，人员成本包括学校教职工工资及福利性支出费用，学生的助学金、奖学金等支出费用。公用成本包括学校的公务费、业务费、设备购置费和修缮费等。固定资产成本包括高校的建筑物、教学、科研仪器设备及公用设备等的折旧。[⑤] 袁连生认为高校成本核算应该设置五个教育成本项目，分别是工资、公务费、业务费、修缮费和折旧费。[⑥] 2005 年国家发展改革委出台的《高等学校教育培养成本监审办法（试行）》规

① 袁连生. 教育成本计量探讨 [J]. 北京师范大学学报（人文社会科学版），2000（1）：17-22.
② 伍海泉. 高等教育成本计量中几个特殊问题的探讨 [J]. 教育与经济，2004（1）：43-45.
③ 刘建民等. 高校教育成本计量模型及其应用 [J]. 高教探索，2013（2）：52-56.
④ 万寿义，曲京山. 高等学校教育成本核算问题研究——基于管理的视角 [J]. 东北财经大学学报，2010（3）：3-9.
⑤ 王善迈. 教育投入与产出研究 [M]. 石家庄：河北教育出版社，1996.
⑥ 袁连生. 教育成本计量探讨 [M]. 北京：北京师范大学出版社，2000.

定，高校培养成本由人员支出、公用支出、家庭和个人的补助支出和固定资产折旧四部分组成。①

（三）高校成本的计量

曹方和谢玉英根据学校会计数据计算了广西大学 1980~1993 年全日制本科学生的成本。研究没有考虑科研支出、学生资助以及我国特有的教职工福利费用等问题，但包含了固定资产的折旧费。② 冯金华等将高等学校的成本分为变动成本、固定成本、混合成本和其他成本四大类，并按此成本结构体系确定一种计算简便的成本测算方法和总成本计算公式。据此对湖南高校 1996 年生均成本进行测算，测算结果与湖南高校实际支出基本一致。③ 崔邦焱和王守军利用某大学的会计资料和其他资料，按权责发生制原则，对该校 2002 年本科生和研究生的培养成本进行了计量。这一计量涉及固定资产折旧、福利费用调整、科研经费等公共费用分配、不同层次学生费用分配等复杂问题的处理。④

林荣日以复旦大学为例，将各类学生的培养成本分解为教学成本和科研成本两部分，根据不同类型学生科研和学习的时间不同，分别测算科研成本和教学成本，两者合计为学生的培养成本。各类学生年度人均培养成本分别为：博士生 42756.95 元，硕士生 35630.79 元，本科生 23170.02~23753.86 元，专科生 19003.09~19107.40 元，网络学院学生 7126.16 元。⑤ 高等师范院校财务管理研究会课题组运用培养成本的核算方法，对全国 29 所师范学院 1999~2002 年的财务数据进行统计，计算出了生均直接培养成本。⑥ 张霞以教育部对普通高等学校本科教学评价标准为依据，结合安徽省的经济发展水平，按照标准生均成本的含义，构建了测算标准生均成本的数学模型，对安徽省不同类型高校的生均成本进行了测算。⑦

陈伯春等运用基于基本办学标准的普通高等教育生均成本的测算方法测算出

---

① 国家发展改革委. 高等教育培养成本监审办法（试行）［EB/OL］. https://wenku.baidu.com/view/84283f166c175f0e7cd137a9.html，2019-11-05.

② 曹方，谢玉英. 广西大学全日制普通班学生教育成本分析［J］. 广西高教研究，1994（3）：63-72.

③ 冯金华等. 湖南省普通高校生均成本的探讨［J］. 湖南农业大学学报，1999（2）：162-166.

④ 崔邦焱，王守军. 高等学校学生培养成本计算探索［J］. 中国高等教育，2003（13）：17-20.

⑤ 林荣日. 复旦大学各类学生年度人均培养成本研究［J］. 复旦教育论坛，2004（4）：45-49.

⑥ 高等师范院校财务管理研究会课题组. 高等师范院校生均培养成本研究［J］. 教育财会研究，2005（4）：3-21.

⑦ 张霞. 安徽普通高校生均成本的数学模型［J］. 安徽工业大学学报（社会科学版），2007（3）：139-140.

了四川省综合类高校生均教育成本为 8030.30~10094.30 元/人每年。① 袁连生将教育成本计量的方法归纳为统计调查法、会计核算法、会计调整法三类。统计调查法利用现存的教育经费统计资料或抽样调查数据，经过适当调整获取教育成本数据。会计核算法指的是根据成本会计的基本理论和技术，利用学校会计系统，通过设置、登记账簿，记录教育资源的耗费，计算教育成本。会计调整法是利用学校现存的教育经费收支的会计记录，经过调整，将教育经费支出数据转换成教育成本数据。② 徐莉萍和龚光明认为，在现行高等教育成本核算方法中引入作业成本法有助于建立一套平行的、自行设计的、成本低廉的，且既可提供外部成本信息，又可提供内部成本信息的核算系统。③ 综上所述，国内外学者对高等教育成本核算的关注已有很长时间，且从不同方面都有涉猎，但是对于高等教育生均成本核算体系的研究内容偏少。

第三节　研究方法及研究思路

一、研究方法

（一）文献法

本书通过在 CNKI、维普、万方等中文数据库和 Elsevier、Springer、ERIC、EBSCO 等外文数据库进行检索，收集与查阅国内外有关高等教育财政拨款方式及高等教育成本相关研究成果，了解前人对高等教育分类管理的财政政策和高等学校拨款政策的研究成果，比较我国与国外高等教育财政政策的异同，吸取国外高校的财政投入与成本分担经验。本书从历年《中国教育统计年鉴》《中国教育经费统计年鉴》《X 省教育年鉴》中获得全国和 X 省高等教育近十年统计数据，通过横向与纵向比较，对 X 省高等教育发展状况进行分析。

（二）问卷调查法

本书设计了"X 省属本科高校学科生均定额标准调查表"，对 X 省 14 所省属

---

① 陈伯春等.基于基本办学标准的普通高等教育生均成本测算 [J].教育科学，2005 (2)：41-44.
② 袁连生.教育成本计量探讨 [J].北京师范大学学报（人文社会科学版），2000 (1)：17-22.
③ 徐莉萍，龚光明.会计学视角下高等教育成本计量研究 [J].江苏高教，2006 (4)：30-32.

本科高校的财务状况和基本办学数据进行了问卷调查。这 14 所高校的财政拨款来源基本相同，都具有本科及以上办学能力。基于财务数据的保密性原则，本书隐去了 14 所本科高校的学校名称，[①] 收集了财务收支与学校基本统计数据，作为测算生均人员支出与生均公用支出的依据。[②]

在 X 省教育厅财务处的协助下，本书收集了 14 所省属本科院校的财务决算表，并将问卷调查获得的数据与 14 所省属本科院校的财务决算表进行逐一比对和清理，在 14 所本科院校财务人员的协助下，本书对财务数据和收支类型进行反复核查和甄别，以此保证研究数据的科学性和准确性。

（三）访谈法

访谈法是研究性交谈，在一定程度上比问卷调查更能反映事物的内在逻辑关系和现象背后的深层原因。为了能够更好地了解 X 省属高校财政经费投入和拨款体制，本书有针对性地选择 X 省教育行政部门主管经费的领导、学校管理者和财务部门负责人进行访谈，共访谈相关领导和专家 8 人。

二、研究思路

第一，提出问题，明确研究背景，梳理国内外高校绩效拨款及高等教育成本的研究现状，确定本书的研究思路和方法。

第二，在借鉴美国、英国、澳大利亚等国高校绩效拨款经验的基础上，评析我国高等教育财政拨款模式，主要从发展历程和主要问题两个层面进行。在此基础之上，分析 X 省高等教育现状、现行的普通高校拨款制度的运行及其存在的问题，对 X 省属高校的财务收支状况进行描述分析。

第三，依据 X 省属高校基本支出和项目支出的比例，按照测算不同的学生数，通过对实际运行生均培养成本和高校发展客观需要的生均成本进行比对，研究 X 省属高校财政拨款投入的充足性。在此基础上探讨高校生均综合定额标准及

① 由于 BK13 高校在 2012 年后升为本科层次的高校，BK14 高校在 2013 年后升为本科层次的高校，所以在研究 2013 年及以后的省属本科高校年收入构成、高等教育财政拨款状况以及本科高校基本支出和项目支出时，增加了这两所高校的数据。

② 调查表包括两方面的内容：第一，根据现行一般预算支出科目的分类，调查包括总收入支出表、基本支出表、项目支出（不含科研支出）表、固定资产表等。其中，基本支出又分为人员支出与公用支出，公用支出包括高校的三类部门：行政部门、教学辅助部门与教学部门（院、系）。第二，调查表还包括了各院（系）各学科学生统计表、各类人员统计表及其他有关基本数字表等。除基本支出以外，高校学生类别还包括了成人教育学生、留学生及其他学生等，在这些学生身上发生的费用构成了其他经费。这样高校的支出就由高校各类"学科生均综合定额经费""其他经费"组成。

X 省属高校生均综合定额拨款模式。

第四，按照测算出来的生均定额标准，对高校的规模效益进行测算，初步探索高校绩效评估方式，设计 X 省属高校的绩效拨款模式。

第五，研究结论及政策建议。在以上研究的基础上，得出了一系列研究结论，并提出相应的政策建议。

第二章　国内外高等教育
财政拨款模式述评

高等教育拨款模式是指政府对高校拨款所采用的拨款方式以及制度规范。从世界范围来看，主要有两种高等教育拨款模式，一种是直接拨款模式，另一种是间接拨款模式。其中，直接拨款模式分为零基预算模式、公式拨款模式、增量拨款模式、绩效拨款模式以及协商拨款模式。间接拨款的方式则相对灵活，间接拨款不是针对学校本身，而是以其他的方式划分到学生个人手中，如学校设立的各级奖学金、补助等。① 本书主要研究直接拨款模式。

国际通常采用的直接拨款模式主要有增量拨款、零基预算拨款、协商拨款、公式拨款和绩效拨款。

（1）增量拨款。此拨款模式本质上是"基数+发展"的模式，主要依据原有基数之上的扩大部分。在这种模式下，政府以上一年的拨款数额为基数，并将当年学校的需要考虑在内。例如，扩大办学规模、增加新的专业、申报新项目等，据此来确定当年拨款的资金额度。这种模式有较大的随意性，拨款额度的大小很大程度上取决于政府的主观意志，缺乏透明度、公平性和效率。

（2）零基预算拨款。这种模式不受既成事实的影响，不考虑其他无关年度的拨款。一切都从合理性和可能性出发，严格按照预算规则确定预算，一切预算收支都建立在成本效益分析的基础上。这种模式不受既成事实的影响，一切都从合理性和可能性出发，这能够克服"基数+增长"拨款模式的不足。但这种拨款模式操作起来比较复杂，技术要求高。因此，采用这种拨款模式的国家比较少。

（3）协商拨款。顾名思义，这种模式的资金分配主要是通过协商来完成的。

---

① 杜秀敏. 中国高等教育投入体制研究［J］. 职业时空，2010（1）：1-3.

协商拨款最早运用在科研经费拨款领域，教学、设备采购以及基础设施建设等都采用这种方法。协商拨款一般采用"投标—招标"的方式，双方签订合同后就可以进行拨款，合同双方平等承担责任和享有义务。协商拨款的拨款决策主要依据取决于合同双方人员之间的私人关系。这种模式随意性最大，常出现在法规不健全、预算约束不严格、发展水平较低的国家或地区。

（4）公式拨款。公式拨款是指采用数学公式衡量拨款数额的方法。公式拨款能够减少拨款中人为因素的影响，提高拨款的效率。由于拨款公式中选取的参数不同，所以没有统一标准的拨款公式。政府可以根据本国实际确定适合自己的拨款公式，甚至同一个国家不同地区以及不同时期采用的拨款公式也不同，复杂程度也不同，这取决于拨款对象、目标以及公平和效率等因素。公式拨款法在各国中应用广泛。

（5）绩效拨款。绩效拨款是一种依据产出指标对资金进行分配的拨款方式。绩效拨款一般分为以下三类：一是分配完全取决于学生人数的有效产出指标；二是通过有效学生产出指标确定财政资源的一部分，并根据投资机制分配；三是基于适当的性能指标因素取得拨款。"绩效拨款"模式是当前在全球范围内运行得比较成功的高等教育财政拨款模式，越来越多的发达国家（如英国、美国）和发展中国家（如印度）开始采用"绩效拨款"模式。

第一节　国外高等教育财政拨款模式

一、美国高等教育绩效拨款模式

美国高等教育财政拨款在经历了公式拨款、合同拨款、增量拨款后，进入绩效拨款阶段。美国高等教育绩效拨款机制始于20世纪70年代，时值美国高等教育面临两大挑战：一是美国财政进入紧缩阶段，无论是联邦政府还是州政府，对高等教育的财政支持都明显减弱，由此引发公立大学教育经费危机。二是市场竞争机制在高校争夺有限教育资源过程中的作用日渐凸显，高校间、各系科间以及高校与教育组织之间"抢夺生源"的矛盾加剧。与此同时，高等教育质量日益下降，引发公众不满。为了有效解决高等教育发展面临的困境，美国政府以改革高等教育财政拨款方式为重要手段，加强了对高等教育的干预。政府将"绩效"这一概念引入高校的拨款机制中，通过考核评估来监督高校的办学质量，以期提高高校的"产出效益"。拨款时关注资金投入是否有利于高校整体发展，关注拨款是否能帮助高校有效实现既定的发展目标，在财政资源分配时更多地考虑高校的"实际表现"，重视教育财政投入的"产出效益"。

20世纪80年代以来，美国各州相继在高等教育财政拨款中引入竞争机制和绩效理念。科罗拉多州、康涅狄格州、佛罗里达州、密苏里州、南卡罗来纳州、田纳西州及弗吉尼亚州等22个州相继实施以绩效为基础的拨款模式。田纳西州作为首个采用绩效拨款并取得了显著成效的州代表，为美国其他州所效法。绩效评价的关键在于确定拨款性能指标，构建完整的绩效评估体系。一般来说，绩效指标包括高等教育的投入、过程和产出三方面，具体包括学生入学信息、教师费用、学生费用、不同级别教师的授课时数、科研和公共服务费用、政府拨款数额、转学率、毕业率、考试通过率、学生分数、毕业生去向、学生满意度、学位和毕业证授予数等。

1975年，田纳西州的12所高校在政府的号召下自愿参与了绩效拨款试验。1976年，田纳西州启动绩效拨款项目，主要以非拨款经费（Non–appropriated Funds）的形式建立约占教学预算总额2%的激励性拨款制度，并按照五项绩效标准分配给高校。1979年，田纳西州正式采用了绩效拨款标准"教学评估表"，将拨款经费的2%作为激励性经费按绩效分配给高校，并建立了10项绩效指标。① 该政策的目标是通过绩效评价来提高高校的负责程度，并改进教学质量。田纳西州政府将该政策作为提高田纳西州高等教育投资收益率的重要工具。对于绩效表现出色的公立高校，政府给予一定比例的"奖金"。1980～1981学年，田纳西州的公立高校可以凭借优异表现获得高校总财政拨款2%的最高奖金。2017年，用于奖励绩效表现出色高校的最高奖金已经提高到高校总财政拨款的5.45%。② 田纳西州绩效拨款占高等教育拨款总额的比例在所有实施绩效拨款的州中是最高的。自1982年开始，田纳西州的绩效拨款每5年进行一次，在5年内根据年度绩效表现进行微调。1983年，田纳西州出台了新的绩效拨款标准，

① Bogue E. G. Twenty Years of Performance Funding in Tennessee：A Case Study of Policy Intent and Effectiveness［A］. In Joseph C，2002.

② Burke，et al. Funding Public Colleges and Universities for Performance：Popularity，Problems and Prospects［M］. Albany：The Rockefeller Institute Press，2002.

激励性经费比例扩大。

1. 基于结果的拨款公式

田纳西州"入学人数+绩效指标"的拨款公式产生了积极的效果，绩效水平较高的高校可以得到较多的州政府拨款。但是，田纳西州高等教育委员会认为，州立高校产生的变化并没有达到预期效果。州政府官员希望开发更有效的拨款公式，取消将入学人数作为拨款主要依据的政策，根据高校成果来决定州政府对高校的拨款数额。2010 年，田纳西州州政府颁布《田纳西州完成大学教育法》，该法规定基于结果的拨款公式主要对教学质量表现优异、符合州总体规划目标的高校实施奖励。田纳西州公立高校开始将学校资源更多地集中于学生培养，重视提高学生获得大学学位或资格证书的比例。曾任田纳西州州长的比尔·哈斯拉姆（Bill Haslam）指出，田纳西州是美国唯一一个按照基于结果的拨款公式对州立高校进行绩效拨款的州，① 它正在极大地改变着州立高校的运营方式。截至 2013 年，美国超过 1/4 的州在对州立高校进行拨款时，不同程度地使用基于结果的拨款公式。② 正如田纳西州高等教育委员会执行董事理查德·罗达（Richard Rhoda）所说的，政府拨款方式重心的转移会对学生选择专业和课程产生更直接的影响，推动学生集中完成所学课程并获得相应学分和证书，学生从课程中学到的知识与技能将会有效地与当地经济发展需求相结合。此外，州立高校也对弱势群体学生的学习提供支持。

田纳西州基于结果的拨款公式主要分为两类：一类针对四年制综合大学，另一类针对两年制社区学院。四年制大学的结果有学生积累的学时、学士学位、副学士学位、硕士学位、博士学位、研究与服务、学生转学数、每 100 个全日制学生所获学位数以及毕业率等。社区学院的结果有学生积累的学时、录取学生数、副学士学位和证书、就业率、补偿与发展教育、学生转学数以及职业培训等（见表 2-1）。学生进展度主要用于衡量其所获得的学分，以此了解学生课程的完成情况。③

① Bill Haslam. Says Tennessee's Higher Education Funding Model "is 100 Percent Outcome Based" and "We are Already Seeing this Model Changing the Way Our Postsecondary Institutions Do Business" [EB/OL]. http://www.politifact.com/tennessee/statements/2012/nov/11/bill-haslam/tennessees.

② Outcomes-based-college-funding-model-al/, 2012-10-18. Dennis, P. J. Outcomes-Based Funding: The Wave of Implementation [R]. National Center for Higher Education Management Systems, 2013: 1.

③ Tennessee Higher Education Commission. Tennessee Higher Education Commission Outcomes-Based Funding Formula [R]. Nashville: Tennessee Higher Education Commission, 2010: 1-2.

表 2-1　田纳西州四年制大学和社区学院拨款公式包含的结果

四年制大学	社区学院
学生累积 24 学时	学生累积 12 学时
学生累积 48 学时	学生累积 24 学时
学生累积 72 学时	学生累积 36 学时
研究和服务花费	职业培训
学生转学时至少累积 12 学时	双录取学生数
学士和副学士学位	授予的副学士学位数
硕士和教育专业学位	每 100 个全日制学生所获奖励数
博士学位	就业率
每 100 个全日制学生所获学位数	学生转学数
毕业率	补偿和发展教育

2. 2010～2015 年绩效拨款质量保障计划

2010 年 7 月，田纳西州高等教育委员会颁布了《2010～2015 年绩效拨款质量保障计划》（2010-2015 Performance Funding Quality Assurance），对 2010～2015 年拨款的绩效指标作出了详细规定，并将基于结果的拨款公式贯穿始终。五年内能达到州政府要求的公立高校，可获得事业拨款的 5.45% 作为额外奖励。高校可用这些奖励资金改善基础设施，进一步提高教学质量和学生的学习效果。田纳西州绩效拨款网站公布的信息显示，该项目为高校在公式拨款外获得更多资源提供了机会。田纳西州的绩效拨款以 5 年为一个周期，在每个周期的第 3 年，州高等教育委员会将委任一个绩效拨款特别工作组，负责审查绩效拨款标准，并就下个周期的绩效拨款执行问题提出建议。2010～2015 年的绩效资助是田纳西州的第七轮资助政策，与 2005～2010 年的绩效资助政策相比，2010～2015 年的绩效资助具有四个特点：第一，这 5 年的绩效资助计划与基于结果的公式紧密联系，更加重视公立高校的产出结果，并且作为总体规划体系的一部分，能有效增强公立高校的社会责任感；第二，该周期内的评估标准大大简化了各高校的义务性报告流程，更加重视学术诚信和高校教学质量评估；第三，在评估过程中，评估部门只要求公立高校提交现有的数据，不再要求提交额外的数据信息；第四，各公立高校提交的年度绩效报告会公开发表，并且附加最终的评估结果。2010～2015 年的绩效评估体系涵盖了高校的投入与产出，这可以更全面、更客观地分析高校的办学效益（见表2-2）。①

表2-2 2010~2015年田纳西州公立高校绩效拨款评估标准 单位：所

绩效拨款评估标准		社区学院	综合大学
学生的学习质量和参与情况（75%）	通识教育评估	15	15
	专业评估	15	15
	学习情况的认证与评估	15	25
	学生学习满意度	10	10
	就业情况	10	—
	评估实施情况	10	10
学生入学水平和顺利完成学业情况（25%）	尤其关注少数民族学生和贫困学生	25	25

从表2-2可以看出，这一周期的评估标准主要分为两部分：第一部分是学生的学习质量和参与情况，所占比例为75%；第二部分是学生入学水平和顺利完成学业情况，所占比例为25%。在第一部分中，又可以分为六个指标，两年制的社区学院和四年制大学各有侧重。其中，对于就业情况，州政府对四年制大学没有具体要求，而对社区学院则明确制定了10%的绩效指标。这在一定程度上对社区学院的课程和培养模式提出了更高要求，即确保学生在毕业之后，能够顺利融入社会，符合所学专业的行业需求。对于学生学习情况的认证与评估这一指标，社区学院的权重低于四年制大学，这也说明了州政府对综合大学的学术要求更高。

田纳西州高等教育委员会规定对公立高校的测评内容包括加利福尼亚批判性思维与技能测试、大学基础学术性学科测试、大学学术能力测试和美国教育考试服务中心能力水平测试，② 公立高校可以选择其中任何一个测试进行评估。此外，各高校可以选择对本校的所有毕业生进行测评，也可以选择部分毕业生进行测评，但参与测评的毕业生要超过400名，而且这些毕业生要能代表学生的普遍水平。在各指标的评分方法上，田纳西州高等教育委员会也有明确规定。以通识教育指标为例，主要分为两个步骤：第一步是在周期的前3年，高校的通识教育

---

① Tennessee Higher Education Com - mission. 2010 - 2015 Performance Funding Quality Assurance [EB/OL]. http：//www. tn. gov/moa/strGrp-prefFund. shtml，2019-12-27.

② 孙佰刚. 美国田纳西州州立高校绩效拨款政策评析 [J]. 世界教育信息，2014（10）：29-36.

平均水平超过全国平均水平的相应档次，高校就可获得相应的分数。其中，低于70%的全国平均水平，高校将获得 0 分；若高校通识教育平均水平达到 100%，则可以获得 10 分。第二步是在周期的最后两年，高校的通识教育平均水平不仅要与全国平均水平比较，还要和前 3 年的平均水平比较，以得出最后分数。

二、英国高等教育绩效拨款模式

英国是首个实现大学基金筹资模式的国家。早在 1919 年，英国就建立了专门对大学预科实施资助的组织机构——高等教育拨款委员会。英国大学拨款分为四个层级，包括议会、政府部门、大学及大学的筹资机制，根据教育数量、质量和高等院校及资金来源等综合性指标进行拨款评价。拨款的时候遵循一定的原则，这些原则包括确保高校学术稳定，注重资金使用效率；注重成本效益；保持和提高教学质量；综合考虑各类学校的特色。资金结构主要由教学、科研津贴和学生补助三部分组成，所有组成都有相应的法律监督，资金投入的实施方式相对完善。

英国的高等教育管理体制兼具行政管理和市场调节的双重特性，英国的高等教育经费机制基于标准的评估。全国高等教育评价体系包括内部考核制度、外部评价体系和全方位的民事考核评价体系。1997 年成立的高等教育质量评估保障局主要负责高校的教学质量评估，加强与高校的合作，推动相关标准的发展，促进高等教育质量的提升。评估的结果是政府对高校进行拨款的重要依据，这有利于有效引导高校不断推进自我发展。英国对高校的评估严格分成几个等级，不同等级给予不同的分配，质量决定高校得到的研究经费。为进行准确评价，英国高等教育拨款委员会每 4~5 年就会对高校进行评估。在尊重高等院校享有充分自由、实现卓越发展的基础上，参照国际国内标准，依据高校提交的评估材料，科学制定评估标准，未达标高校的教育经费会遭到削减。由此可见，英国高等教育拨款委员会对高校的评估实现了高等教育的质量评估与财政拨款相挂钩。

英国"绩效拨款"模式关注资金使用效率，采用竞争性"核心资金+绩效资金利润率"模式，具体拨款值由高校最近发展周期内的发展效率决定。具体来说，相关机构提供关于高等教育评估的信息，如品质保证局提供的教学和学生学习成果的信息，性能指标督导组提供有关性能方面的全面信息，研究评估小组提供关于评估结果的信息。通过成本和小组的定价进行科学的评价，明晰每个项目信息和成本效益的运行状态，然后由高等教育拨款委员会将信息纳入拨款过程中，实现资金的合理分配。

三、澳大利亚高等教育绩效拨款模式

由于历史文化等原因，澳大利亚在政治、经济和文化等多方面都具有浓厚的英国色彩，高等教育管理体制也不例外。澳大利亚的大学拥有充分的自主权，虽然联邦政府为大学提供经费，但很少过问大学运行过程中的具体事宜，政府主要通过立法、资金、政策指导和监督、评估以及其他宏观调控方式保障高等教育的有序发展。由于州政府对高校几乎不提供任何资金支持，因此很少介入学校的正常运行和办学活动。

自 20 世纪 80 年代末以来，由于受经济发展变化和社会变革等因素的影响，澳大利亚政府和高校之间通过中介组织——高等教育联邦委员会进行有效沟通。自 1989 年起，政府制定了教学和科研评估指标，开始对高校实行教学质量监控，全面评估高校的发展成果。

澳大利亚高等教育在二战结束后飞速发展，高校数量和水平均有较大的提升。1993 年，澳大利亚政府成立了由澳大利亚大学校长、大学前董事长布赖恩·威尔逊（Brian Wilson）教授领导的"高等教育质量保证委员会"，开始了对大学的质量评估。[①] 高等教育质量保证委员会与澳大利亚大学学历认证部进行合作，主要负责评定各级高等教育的各个机构授权资格。1994 年以后，政府额外提供当年大学运营开支的 2% 作为大学发展经费，分配给具有较高教学质量的高校，而评估不合格的高校则无法得到这项拨款。2000 年 3 月，政府设立澳大利亚大学质量保证机构。如今，澳大利亚业已形成了科学合理、运行高效的高等教育质量保证体系。

澳大利亚高等教育经费拨款和质量评价结合得较为紧密，这主要体现在科研经费方面上。澳大利亚的大学资金来源主要包括国家联邦资金与地方政府资金、学费、科研经费和其他收入。澳大利亚的高等教育经费分为经常性津贴和资助的研究项目津贴。学生培养经费以及基础设施建设资金等属于经常性拨款，主要由联邦政府承担。资助的研究项目津贴是基于竞争的分配，通过"澳大利亚研究理事会"等机构进行指向性拨款。

---

① 王玉潜，单玲玲. 国外高等教育质量保障体系的特点及启示［C］//中国交通教育研究会 2008 年度交通教育科学优秀论文集，2009.

2009 年 12 月，澳大利亚在实践探索基础上产生了新的资助模式。澳大利亚联邦教育部长朱莉娅·吉拉德（Julia Gillard）在莫纳什大学举办的行业协商大会上宣布，从 2012 年起，政府将资助数额与高校的教学质量挂钩。吉拉德说，绩效考核和绩效目标对高校发展具有重要的推动作用。同时大学需要公开教育质量信息，学生可以根据大学质量信息，基于自己的喜好选择心仪的大学。这也是高等教育改革的核心所在。至此，"教学质量指标"使大学关注课程设计和评估环节，奖励那些在阅读、在线教程、实验室和教学实习等方面表现卓越的大学。教学质量的评估不仅成为政府投入的重要参照标准，也成为学生选择高校的重要参照。澳大利亚联邦政府出台的新规定涉及的性能指标具体包括：学生课堂学习的参与率、学生实习经历及学生成绩等。此外，政府为高校设定绩效目标，鼓励和促进有战略雄心的高校向更高的发展目标迈进。

基于以上分析，美国、英国和澳大利亚三国高等教育绩效拨款有以下四点经验值得我们借鉴：一是在政府直接拨款的同时，设立中介机构参与评定标准的制定和评估实施过程。二是在拨款中引入"绩效"指标，在教育资源有限的情况下，促进高校间的良性竞争，以及高校教育质量和科研质量的提升。三是建立评估机制，将评估结果与拨款机制相结合，促使高校在自主发展的情况下，追求卓越发展。四是细化评价指标体系，妥善处理高校共同发展目标与高校自主发展之间的关系，不同类别高校建立不同的绩效评价指标。

第二节　我国高等教育财政拨款模式研究

一、我国高等教育财政拨款模式的发展历程

自中华人民共和国成立以来，我国的高等教育财政拨款模式主要分为两个阶段：1955 年前后，采用"基数+发展"拨款模式；1986 年至今，"综合定额+专项补助"成为高等教育主导的财政拨款模式。[①]

"基数+发展"拨款模式。"基数+发展"拨款模式是一种简单的估算型高等

---

① 翟蕊，张小萍 . 建立中央高校教育经费拨款新机制［J］. 中国财政，2011（11）：61-63.

教育财政拨款方式。具体思路是以高校前一年度所获取的财政经费作为基础，再考虑当年事业发展变化以及办学发展所需经费。"基数+发展"的拨款模式决策过程比较简单，核拨方式和标准比较粗放，这主要同中华人民共和国成立初期我国预算体制尚不健全、行政管理水平不高有关。但这种拨款方式使教育事业经费核拨有了标准可依，并保证了人员经费的开支，在一定程度上促进了高等教育的发展。"基数+发展"拨款模式的主要问题在于它将高校前一年度的各项花费合理化，并将此作为下一年度拨款的主要依据。也就是说，单位成本越高的高校，获得的财政经费越多。这必会导致高校倾向于增加自身办学成本，出现办学资源浪费的现象，无形中给高校年底突击花钱埋下了诱因。此外，"基数+发展"拨款模式中决定财政资金分配的决策者权力很大，高校为获取更多经费会不可避免地对决策者施以各种影响，这些公关活动都会降低拨款的透明度，造成财政经费在高校间的分配不均衡。①

"综合定额+专项补助"拨款模式。1986 年原国家教委、财政部联合出台《高等学校财务管理改革实施办法》（教计字〔1986〕162 号），提出对高校事业经费的拨款办法进行改革，在年度预算核定方式上把"基数+发展"事业费拨款方式改为"综合定额+专项补助"。"综合定额"是基于"定员定额"的管理学原理，先由财政部门和教育管理部门制定生均财政拨款标准，并且考虑不同层次、不同类型、不同地区高校以及不同专业类别、不同学生学历层次的差异，然后将生均财政拨款标准乘以在校生数就可以得出每个学校具体的预算拨款数。"专项补助"部分是"综合定额"的补充，是根据国家政策导向和高校的特殊需求专门安排的财政拨款，其构成部分主要包括基建费用、购置设备的经费、教师专业发展经费、离退休人员经费、医疗补助以及其他项目等。②

相对于最初的"基数+发展"模式，"综合定额+专项补助"模式在很多方面都具有进步意义。首先，高校在财政经费的使用上有了更大的自主权，高校对资金的使用效益也得到了提高。其次，综合定额的主要指标——在校学生数是一个硬性指标，因而综合定额拨款的决策过程比较透明和公平。但是综合定额拨款模式也存在一些缺陷。第一，生均成本标准的确定缺乏科学性。大多数情况下，综合定额标准的确定往往依据生均综合支出和一般性经费开支，不能反映实际办学

---

① 汪洪涛. 制度经济学 [M]. 上海：复旦大学出版社，2009.
② 翟志华. 高等教育财政体制现实选择研究 [J]. 黑龙江高教研究，2008（10）：45-48.

成本的变化。第二，综合定额参数的制定往往较为粗糙。由于把在校生人数作为拨款的最主要参数，这就导致很多高校为获取更多的办学经费而一味扩大招生规模。与此同时，学校办学活动中存在大量的重复建设行为，从而降低了资金使用效率。

20 世纪 80 年代末，公共财政资金的使用效率问题开始引起政府部门的重视，财政部门进行了一些尝试。1988 年，财政部对教育资金实施问责，对专项资金的落实和使用进行追踪和反馈。1992 年，财政部制定了《社会文教行政经费使用效果考核办法（试行）》，对公共财政的评价考察范围、指标体系、考核程序和方法、日常工作监督和检查等作出了详细的规定，这在一定程度上体现了对办学成本进行绩效考核的管理理念。2003 年，财政部下发了《中央级部门联合国教科文组织项目绩效考核管理试行办法》，制定了绩效考评管理办法和绩效考评指标。2010 年颁布的《国家中长期教育改革和发展规划纲要（2010—2020年）》规定："设立高等教育拨款咨询委员会，增强经费分配的科学性。建立经费使用绩效评价制度，加强对重大项目经费使用的考评。"2010 年 12 月，江苏省颁布的《高等教育综合改革试点实施方案》，明确提出"探索建立绩效拨款制度，实行财政拨款与高校绩效评价挂钩"。同年，江苏省在省属高校生均核定财政拨款的基础上，引入了专任教师占比系数作为高校拨款总额的依据。其主要目的是引导高校进一步加强师资队伍建设，提升人才培养质量，促进高校内涵发展。[1] 2013 年，财政部印发了《预算绩效评价共性指标体系框架》，提出建立符合我国国情的预算绩效评价指标体系，全面推进预算绩效管理。另外，浙江、上海、江苏等地方财政部门也开始建立起本省的高校绩效预算管理机制，注重绩效预算全过程管理。[2]

《国务院关于印发统筹推进世界一流大学和一流学科建设总体方案的通知》（国发〔2015〕64 号）第十五条指出："强化绩效，动态支持。"通过不断创新财政支持方式，突出绩效导向作用，并形成相应约束机制。因此，一些省份开始借用国外的绩效拨款，强调"产出应当有奖赏，而不是投入"[3]，绩效拨款认为，

① 周宇霞. 基于全面预算管理的高职院校绩效评价指标体系构建研究 [J]. 中国管理信化，2019，22（16）：26-27.

② 李树坤，王政新，门宏飞. 对高校财政预算绩效拨款模式相关问题的几点认识 [J]. 经济研究导刊，2015（11）：142-144.

③ Herbst M. Financing Public Universities [J]. Higher Education Dynamics，2007（8）：11-15.

・37・

资金应当流向绩效显著的机构或单位，绩效高的机构或单位理应获得更高的收入。绩效拨款将高校的财政管理和高校绩效评价的出口相挂钩，依据各个高校的表现来给予不同程度的拨款支持和分配，迫使学校提高教学质量、科研质量和办学水平，履行高校该有的职责。

二、我国高等教育财政拨款制度存在的主要问题

结合我国高等教育内涵式发展的要求，通过对比分析国内外高等教育拨款制度，可以看出，我国现行的高等教育财政拨款制度主要存在以下不足：

（一）教育经费财权和事权不统一，不利于人才培养的经费保障

在中国现有高等教育管理体制下，财政经费没有预算单列，预算等级不高，高等教育财政经费属于国家财政经费的二次分配；高等教育的财权和事权不统一，教育部门掌管高等教育的事权，财政和规划部门掌管高等教育的财权。两权的不统一使教育主管部门在财权制约束下难以有效行使事权，导致高校人才培养缺乏可持续的充足资金保障，且出现教育经费挪用、挤占或截留等现象。

（二）不同类属高校财政经费投入差异巨大

我国不同类属高校之间财政结构出现分化，中央管理高校和地方管理高校生均支出和预算内生均支出差距呈扩大之势。财政性教育经费投入倾向央属高校，地方高校主要依靠学费收入和银行贷款发展。中央高等教育财政在省域非均衡配置，主要投向中央直属院校和竞争性项目。按东、中、西部地区划分的政府公共财政投入的比例为 1.84∶1∶1.29，生均社会投入比值为 2.23∶1∶0.68，呈现"东高、西低、中塌陷"的财政投入局面。[①] 在此局面下，西部地区的省属高校面临经费投入短缺的尴尬局面。此外，现有经费预算管理体制缺乏科学的绩效评价指标。我国教育主管部门和财政部门均未将绩效评价指标纳入高校财政性经费预算的执行和管理中，对高校没有办学质量的绩效监测和评估，导致财政投资的激励和约束机制缺失。一方面，高校长期面临资金短缺的困扰。另一方面，高校财政资金配置效率低下以及使用过程中的浪费现象依然普遍存在，财政性教育经费的配置优化难以实现。由此可见，我国高等教育绩效拨款尚处于探索阶段。

（三）现有经费分配模式不能满足人才培养的差异化要求

在"综合定额+专项补助"财政教育经费分配模式下，各层次高校人才培养

---

① 胡耀宗.不同类属高校财政差异分析［J］.中国高教研究，2011（11）：17-20.

特色无法得到充分体现，人才培养质量无法得到保障。对于基本办学经费的分配，现有拨款体制通常采用生均综合定额标准乘以在校生数的办法，没有体现出不同学科和专业之间生均定额标准的差别；在专项补助的分配上，没有体现出应用型大学和研究型大学的特色差异，导致高校在设置专业和确定办学类型时偏好采用低成本战略，而不充分考虑社会需求和人才培养的特色与质量。另外，我国尚不完善的"分税制"财政体制进一步加剧了高校之间财政的不平衡。不同层次的高校为了能在有限的财政经费"蛋糕"中争取更多的份额，不得不模糊自身定位，盲目扩大办学规模，同类型高校会在"创优争先"理念的驱使下进行过度竞争。高职院校努力升格为本科院校，普通应用型大学则会努力朝高水平研究型大学靠拢。这就造成专业设置同质化、低水平重复等问题，而且牺牲了人才培养的质量和特色，阻碍了人才培养质量的提升。

第三章 X省属高校财政
投入与拨款状况

第一节 X省高等教育发展现状与不足

一、X省高等教育的基本情况

中华人民共和国成立 70 多年来，我国高等教育规模空前扩大，超越美国，成为世界第一高等教育大国。2018 年全国共有普通高校 2663 所（含独立学院 265 所）。其中，本科院校 1245 所、高职（专科）院校 1418 所，另有研究生培养单位 815 个。各种形式的高等教育在学总规模 3833 万人。全国普通高等学校共有专任教师 167.28 万人。[①] 2018 年 X 省共有普通高等院校 44 所（其中：本科 17 所、高职（专科）学校 27 所），另有独立学院 5 所。[②] 普通本专科在校生 483620 人。全省普通高校共有专任教师 28939 人。[③] X 省普通高校的数量仅为全国的 1.7%，在校生人数仅为全国的 1.3%，专任教师数量仅为全国的 1.7%。由此可见，X 省的高等教育规模偏小。

[①] 新中国 70 年教育变革之高等教育：高等教育体系规模稳居世界第一 [EB/OL]. https：//www. sohu. com/a/344181402_350221，2020-09-21.

[②] 2021 年，教育部批准 X 省的 3 所独立学院专设为普通民办本科高校，另外 2 所独立学院与其他公办高职院校合并成为普通公办本科高校。至此，独立学院这一高校类型在 X 省消失。

[③] 2018 年 X 省教育事业发展统计公报 [EB/OL]. http：//jyt. gansu. gov. cn/content - 99937bb225ae4010a278b71cd8ffabd5. html，2020-09-27.

在 X 省委、省政府的正确领导和相关政府部门的积极努力下，经过布局结构调整和重点建设，X 省已经建立起学科门类比较齐全的高等教育体系。全省高等教育的综合实力和整体办学水平都有了明显提高，高等教育获得了长足发展，与全国的差距也逐步缩小。2020 年，X 省共有普通高等院校 50 所（其中：本科院校 17 所、高职专科学校 28 所、独立学院 5 所）。普通本专科在校生 581062 人，比上年增加 56114 人；研究生在校生 48472 人，比上年增加 5934 人；成人本专科在校生 64413 人，比上年增加 2434 人。① X 省 14 个市州均设立了高等教育机构，高校的空间布局得到明显改善。2020 年全省高等教育在校生总规模超过 77 万人，2021 年 X 省高考录取率达 87.08%，创历史新高，高等教育毛入学率达到 44%。高等教育大众化水平明显提高，较好地满足了 X 省广大人民群众"上大学"的迫切需求。虽然近 10 年 X 省高等教育实现了跨越发展，取得了一定的成绩，但总体发展规模仍落后于全国平均水平。2020 年，我国普通高校在校生总规模为 4183 万人，而 X 省普通高校在校生总规模仅为 77.46 万人，占全国普通高校在校生总数的比例仅为 1.85%。

从高等教育学科结构来看，X 省的高等教育事业已经形成了类型多元、层次多样的发展格局。首先，办学类型多样，基本覆盖社会事业主要领域。X 省高校的主要类型包括综合类、师范类、工程类、财经类、政法类、医学类等不同高校。高水平研究型大学、教学研究型大学、教学型大学、高职高专类高校在 X 省内均有分布。其次，形成了多元化的办学层次，大学专科、本科、研究生教育呈金字塔状分布，层次结构比较合理。最后，各类高等教育办学形式在 X 省内均有发展，如普通高等教育、高等教育自学考试、网络高等教育、成人高等教育和非学历高等教育等。

从高校办学条件来看，近年来，X 省在财力十分有限的情况下，持续增加对高等教育的投入，努力改善高校办学条件。2021 年全省教育经费总投入为 849.84 亿元。2011 年起，X 省财政统筹中央和省级财力，累计投入 188.41 亿元，大幅提高省属普通本科高校生均拨款水平，由改革前的 8000 元提高至 2012 年的 12000 元，并不断提高，有力推动了全省高等教育全面、协调、可持续发展。同时，2010~2014 年，X 省共化解高校债务 70.75 亿元，全省高校债务明显

---

① 2020 年 X 省教育事业发展统计公报［OB/OL］. http://jyt. gansu. gov. cn/content－67f3d73 cee084fc1933e9f03fb666e9d. html，2019－10－28.

下降，为促进高校健康发展提供了财力支持。截至 2020 年底，全省普通高校占地面积 3279.76 万平方米（产权下同），比上年减少 16.28 万平方米；校舍建筑面积 1749.8 万平方米，比上年增加 107.49 万平方米；图书 4361.69 万册，比上年增加 108.08 万册；教学仪器设备值 84.06 亿元，比上年增加 7.21 亿元。

生均占地面积为 48.37 平方米，比上年减少 9.7 平方米；生均教学行政用房 12.23 平方米，比上年减少 1.2 平方米；生均图书 64 册，比上年减少 10 册；生均教学仪器设备值 12406.08 元，比上年减少 1173.77 元。[①]

从人才培养质量来看，随着高校质量工程的深入推进，人才培养取得明显成效。全省共有博士学位授权单位 8 个、硕士学位授权单位 13 个、学士学位授权单位 19 个、博士后科研流动站 40 个。国家重点学科 9 个、国家重点培育学科 4 个、省级重点学科 154 个。国家大学科技园 3 个、国家重点实验室 1 个、国家工程技术研究中心 1 个、国家人文社会科学研究基地 3 个、省级“2011 协同创新中心”10 个、“卓越工程师教育培养计划”高校 2 所、“卓越法律人才教育培养计划”高校 2 所、“卓越农林人才教育培养计划”高校 4 所及“卓越教师培养计划”高校 2 所。

高等教育规模偏小限制了 X 省人民接受高等教育的机会，无法满足人民的高等教育需求。随着 X 省经济跨越式发展，人民群众的收入大幅度增长，接受高等教育的愿望也会更加强烈，对高等教育的需求会更加迫切。为此，必须进一步加快高等教育的发展步伐，进一步扩大高等教育的入学机会。在稳定现有高等教育规模的基础上，适当扩大规模，提高入学率，满足人民群众的迫切愿望和强烈需求。

二、X 省高等教育总体财政分析

X 省属于西部经济欠发达省份，财政收入规模小，自给能力弱，保障水平低，经济发展水平与全国存在较大差距。2019 年上半年，X 省一般公共预算收入 442.8 亿元，比去年同期减收 9.1 亿元，下降 2%，居全国第 26 位；一般公共预算支出 2148.5 亿元。[②] 2017 年，X 省的财政自给率为 24.66%，全国倒数第五。

---

① X 省教育厅. 2017 年 X 省教育事业发展统计公报 [EB/OL]. http://jyt.gansu.gov.cn/content-67f3d73cee084fc1933e9f03fb666e9d.htm, 2019-10-28.

② 2019 年上半年 X 省一般公共预算收入累计完成 442.8 亿元 [EB/OL]. http://gansu.gscn.com.cn/system/2019/08/02/012196895.shtml, 2019-08-02.

尽管如此，X省投入高等教育的经费却在稳步增长。X省公共教育经费支出占全省 GDP 总值的比例超过 4%，位居全国前列。在高等教育的经费投入方面，X省各级政府克服财政支出的重重困难，努力增加高等教育投入，使 X 省高等教育投入总量稳步增长。从图 3-1 可以看出，2006~2015 年，X省高等教育公共教育经费投入数量呈现出逐年增加的趋势。从 2006 年的 7.5 亿元增长到 2015 年的 44 亿元，平均年递增 21.72%。尤其是在 2009~2012 年呈现出快速上升的趋势，增速最快的 2010 年，增幅为 50.7%。虽然在 2013 年稍微有点下降，但 2013~2015 年又逐年增加。高等教育投入的增长使 X 省高等教育获得了长足发展。

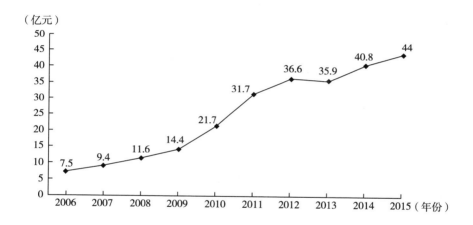

图 3-1　2006~2015 年 X 省高等教育公共教育经费投入

　　此外，X省高等教育公共经费占公共教育总经费的比例稳中有升。其中，高等教育投入支出比例呈现出上升的发展趋势，这一比例从 2006 年的 8.57% 提高到 2015 年的 8.85%。中间年份有所波动，近 5 年来基本稳定在 9% 左右，最高的 2011 年比例达 11.15%。高等教育公共经费投入占公共教育经费总投入的比例稳中趋升（见图 3-2）。

三、X省高等教育财政存在的问题

　　虽然 X 省加大了高等教育的投入力度，但由于经济发展滞后、财政困难等诸多因素的制约，X省高等教育基础薄弱、整体水平低的状况还没有得到根本改

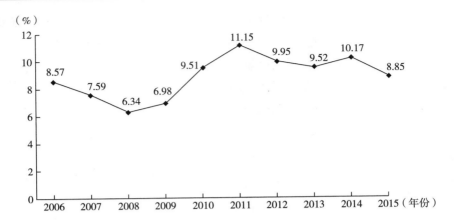

图 3-2　2006~2015 年 X 省高等教育公共经费投入占公共教育总投入的比例

善。X 省高等教育存在的困难与问题主要体现为：高等教育总体规模偏小，生均拨款整体水平较低，高校师资队伍建设投入不足，高校债务负担沉重。高校"内涵式"发展面临诸多挑战。

（一）高校生均拨款整体水平较低

在高等教育生均教育经费方面，我国与发达国家的差距比较明显，仅为 OECD 国家平均水平的 40% 左右。2004~2007 年，这一差距不断拉大，为 OECD 国家平均水平的 36%。2008 年以来，这一差距才逐渐缩小，但缩小速度缓慢。直至 2011 年，我国高校生均教育经费为 OECD 国家的一半。[①] 综合来看，我国普通高等教育生均教育经费存在水平过低、利用效率低下、校际差异与区域差异过大的问题。

截至 2011 年，X 省高校生均综合拨款有了较大幅度的提高，高等教育的生均综合拨款达到 12000 元/年。但在全国各地区普通高等学校生均预算内教育经费统计中，X 省排在西北地区五省的第 5 位，远低于全国和西北五省的平均水平，且这种差距有逐年扩大的趋势（见图 3-3）。经费投入不足造成高校校舍、图书资料、运动场地和实验仪器设备等基本办学条件无法满足学生规模增长的需要。在我国教育经费投入进入"后 4%"时代的背景下，X 省高校生均拨款水平较低，在生均经费不足的情况下促进高校"内涵式"发展会面临更大的困难。

---

① 杜鹏，顾昕. 中国高等教育生均教育经费：低水平、慢增长、不均衡 ［J］. 中国高教研究，2016（6）：46-52.

因此,《X省中长期教育改革和发展规划纲要(2010—2020年)》针对高等教育内涵式发展的需要,提出财政上要"加大投入力度,完善健全投入机制和管理机制","依法加大教育投入,健全多渠道筹措教育经费机制","高等教育实行以举办者投入为主、受教育者合理分担培养成本、学校设立基金接受社会捐赠等筹措经费的机制,逐步提高高校生均拨款标准并努力达到全国平均水平"。

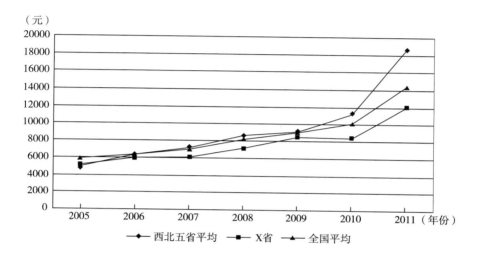

图3-3　2005~2011年X省与全国高校生均预算内教育经费的比较

(二)高校师资队伍建设投入不足

决定高校"软件"实力的一个主要因素是高素质人才是否选择教师职业,以及教师在教学和科研上是否有足够的投入和产出。这也是高校教育质量和科研水平的决定性因素。从财政角度看,X省高校教师基本薪酬水平较低,这造成了X省高校在国内教师劳动力市场上的竞争力不够。一方面,X省高校高端人才大量外流,"孔雀东南飞"现象十分严重;另一方面,外地高端人才又不愿意扎根西部地区长期工作,人才引进工作劳而无功。

(三)债务负担成为制约X省高校持续发展的"瓶颈"

自高校扩招以来,国家和地方政府对省属高校的经费投入呈逐年下降趋势,高校自筹经费的比例不断攀升。利用银行贷款谋求学校发展,成为各省属高校弥补办学资金不足的重要途径。由于X省是西部欠发达省份,经济基础相对薄弱,政府财政困难,对高等教育的资金投入不足。经费不足造成高校校舍、图书资料、运动场地及实验仪器设备等基本办学条件不能满足学生规模增长的需要。为了筹集资金，X 省高校基本建设主要依靠银行的商业贷款。2017 年，X 省 65% 的高校有银行贷款。

截至 2012 年底，X 省属高校贷款总额达 53.15 亿元。沉重的债务负担给高校的财务管理带来了很大风险，不利于高校的可持续发展。为了应对债务压力，一些高校压缩科研与业务经费，特别是教学一线院系的经费，限制教师工资、奖金等福利待遇的提高，导致优秀骨干教师外流。高校债务成为影响 X 省高校教育水平提高的重要因素之一。

第二节　X 省属本科高校财政拨款分析

一、X 省属本科高校教育经费投入分析

2008~2014 年，X 省属高校总体呈连年递增状态。X 省高等教育经费投入来源主要为国家财政拨款和事业收入，财政拨款和事业收入所占比例较大，财政拨款占总收入的比例最高，其次为事业收入。表 3-1~表 3-7 及图 3-4~图 3-10 呈现了 2008~2014 年 X 省 14 所省属本科高校年收入构成情况，包括总收入数额、财政拨款决算数金额以及所占比例、事业收入金额及其所占比例、其他收入金额及其所占比例。

表 3-1　2008 年 X 省 12 所省属本科高校年收入构成

学校	总收入（元）	财政拨款决算数		事业收入		其他	
		金额（元）	比例（%）	金额（元）	比例（%）	金额（元）	比例（%）
BK1	368875738.88	235365426.00	63.81	108700528.20	29.47	23378471.33	6.73
BK2	295605600.35	183674287.00	62.13	110500000.00	37.38	1431313.35	0.48
BK3	347328118.68	192537950.00	55.43	135619412.04	39.05	19170756.64	5.52
BK4	229448378.24	168330073.60	73.36	56517100.00	24.63	4601204.64	2.01
BK5	109256148.81	54938568.00	50.28	50900000.00	46.59	3417580.81	3.13
BK6	173067620.52	98285696.00	56.79	73500000.00	42.47	1281924.52	0.74

续表

学校	总收入（元）	财政拨款决算数		事业收入		其他	
		金额（元）	比例（%）	金额（元）	比例（%）	金额（元）	比例（%）
BK7	159867394.42	105634726.00	66.08	50449726.80	31.56	3782941.62	2.37
BK8	72156986.39	46782066.00	64.83	25215000.00	34.94	159920.39	0.22
BK9	133345310.58	80751574.00	60.56	52264157.30	39.19	329579.28	0.25
BK10	119818572.02	75191083.00	62.75	39800000.00	33.22	4827489.02	4.03
BK11	117657746.94	71835270.00	61.05	40673600.00	34.57	5148876.94	4.38
BK12	98564846.15	52984650.00	53.76	34700000.00	35.21	10880196.15	11.04
总计	2388337358.62	1465700100.60	61.37	837739524.34	35.08	84897733.68	3.55

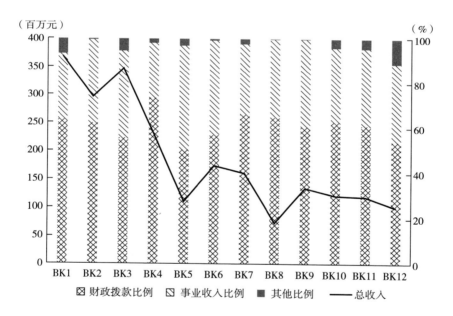

图3-4　2008年X省14所省属本科高校年收入构成

如表3-1和图3-4所示，2008年X省12所省属本科高校年收入构成中占比最高的均为财政拨款，占比均大于50%。其中，BK4高校财政拨款占比最高，达到73.36%；14所本科高校年收入构成中的事业收入占比为24.63%~46.59%，仅次于财政拨款占比；其他收入占比相对较低，最高的BK12高校其他收入占比也只有11.04%，其他高校的其他收入占比均低于10%。

表 3-2　2009 年 X 省 12 所省属本科高校年收入构成

学校	总收入（元）	财政拨款决算数		事业收入		其他	
		金额（元）	比例（%）	金额（元）	比例（%）	金额（元）	比例（%）
BK1	409918700.62	259255105.10	63.25	111556019.40	27.21	39107576.12	9.54
BK2	341796530.29	200462368.50	58.65	138140200.70	40.42	3193961.09	0.93
BK3	386129899.95	237941041.50	61.62	137516471.00	35.61	10672387.45	2.76
BK4	278036822.64	186150312.00	66.95	86000000.00	30.93	5886510.64	2.12
BK5	119609949.88	63855285.00	53.39	53000000.00	44.31	2754664.88	2.30
BK6	237400444.25	140186310.29	59.05	79100000.00	33.32	18114133.96	7.63
BK7	184801116.28	127074329.50	68.76	52000000.00	28.14	5726786.78	3.10
BK8	85697482.22	51773311.00	60.41	29413008.48	34.32	4511162.74	5.26
BK9	145567975.40	91878299.00	63.12	49412181.00	33.94	4277495.40	2.94
BK10	125643031.69	80551686.00	64.11	41000000.00	32.63	4091345.69	3.26
BK11	119920255.94	73474276.50	61.27	42600000.00	35.52	3845979.44	3.21
BK12	107375304.68	70275200.00	65.45	27500000.00	25.61	9600104.68	8.94
总计	2740823012.15	1704651452.09	62.19	919487880.58	33.55	116683679.48	4.26

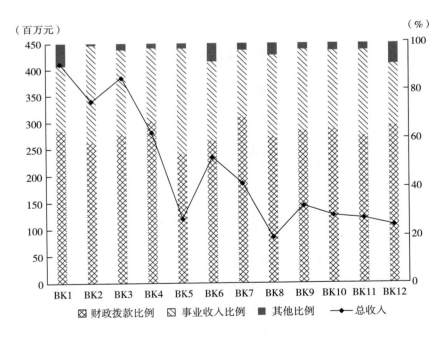

图 3-5　2009 年 X 省 12 所省属本科高校年收入构成

如表 3-2 和图 3-5 所示，2009 年 X 省 12 所省属本科高校年收入中财政拨款占比均高于 50%。其中，BK7 高校财政拨款占比最高，为 68.76%，BK5 高校财政拨款占比例最低，为 53.39%。2009 年 X 省 12 所本科高校年收入中事业收入所占比例相当。2009 年其他收入所占比例均低于 10%。其中最高的为 BK1 高校，占比 9.54%，最低的 BK2 高校，占比只有 0.93%。

表 3-3　2010 年 X 省 12 所省属本科高校年收入构成①

学校	总收入（元）	财政拨款决算数		事业收入		其他	
		金额（元）	比例（%）	金额（元）	比例（%）	金额（元）	比例（%）
BK1	482292427.37	297213458.10	61.63	138061611.40	28.63	47017357.87	9.75
BK2	442104926.50	279997990.50	63.33	162106936.00	36.67	—	0.00
BK3	457291233.93	309322740.30	67.64	134784063.50	29.47	13184430.13	2.88
BK4	347244508.47	231410019.42	66.64	96000000.00	27.65	19834489.05	5.71
BK5	149401865.22	94472374.00	63.23	52000000.00	34.81	2929491.22	1.96
BK6	266963373.09	158663980.70	59.43	106108140.38	39.75	2191252.01	0.82
BK7	207369897.59	144546837.50	69.70	57000000.00	27.49	5823060.09	2.81
BK8	120098690.27	82461115.00	68.66	31240400.00	26.01	6397175.27	5.33
BK9	167946337.60	112510790.00	66.99	54371331.10	—	1064216.50	0.63
BK10	165892607.38	124379306.00	74.98	—	—	41513301.38	25.02
BK11	154557479.70	94919179.50	61.41	—	—	59638300.20	38.59
BK12	133320295.24	98324270.00	73.75	32000000.00	—	2996025.24	2.24
总计	3296046095.24	1846136558.02	56.01	721439539.88	21.89	293194927.84	8.90

如表 3-3 和图 3-6 所示，2010 年省属本科高校的财政拨款占比均高于 50%，其中 BK10 高校财政拨款占比最高为 74.98%，BK6 高校财政拨款占比最低，为 59.43%；12 所本科高校年收入中事业收入所占比例均处于 20%~40%；2010 年 12 所本科高校其他收入所占比例均低于 40%，其中最高的为 BK11，占比 38.59%。

---

① 2010 年 X 省 12 所省属本科高校年收入中 BK2、BK9~BK12 部分数据缺失，因此这四所高校财政拨款及其他收入比例只具有参考价值，不具有实际比较意义，在分析中对这四所高校数据不进行描述。

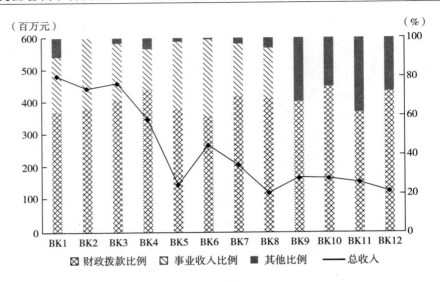

图 3-6　2010 年 X 省 12 所省属本科高校年收入构成

表 3-4　2011 年 X 省 12 所省属本科高校年收入构成

学校	总收入（元）	财政拨款决算数		事业收入		其他	
		金额（元）	比例（％）	金额（元）	比例（％）	金额（元）	比例（％）
BK1	619299682.37	422477345.15	68.22	127176571.80	20.54	69645765.42	11.25
BK2	495232106.28	355732106.28	71.83	139500000.00	28.17	—	—
BK3	561478942.59	378835368.30	67.47	157815247.24	28.11	24828327.05	4.42
BK4	433425526.30	319290944.11	73.67	98100000.00	22.63	16034582.19	3.70
BK5	219206100.90	153395599.59	69.98	63000000.00	28.74	2810501.31	1.28
BK6	334605041.75	209370957.65	62.57	118298878.46	35.35	6935205.64	2.07
BK7	247558388.82	187407317.04	75.70	56000000.00	22.62	4151071.78	1.68
BK8	287707679.30	235434886.00	81.83	45287000.00	15.74	6985793.30	2.43
BK9	258952685.69	182760145.00	70.58	59456491.12	22.96	16736049.57	6.46
BK10	212072931.22	159182291.70	75.06	44037380.00	20.77	8853259.52	4.17
BK11	238441454.09	162571185.00	68.18	67351366.60	28.25	8518902.49	3.57
BK12	167855655.29	123206364.00	73.40	40000000.00	23.83	4649291.29	2.77
总计	4349425181.82	3065108304.32	70.47	1108637607.22	25.49	175679270.28	4.04

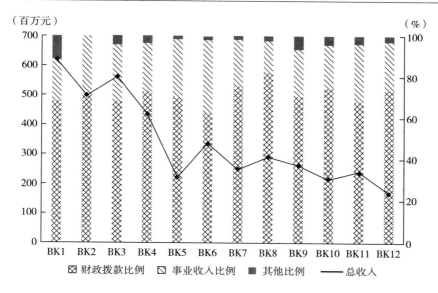

图 3-7　2011 年 X 省 12 所省属本科高校年收入构成

如表 3-4 和图 3-7 所示，2011 年 11 所本科高校年收入中，财政拨款占比均高于 50%，其中 BK8 高校财政拨款占比最高，为 81.83%，BK6 高校财政拨款所占比例最低；2011 年 12 所本科高校其他收入所占比例除 BK1 高校为 11.25% 外，其他高校均低于 10%。

表 3-5　2012 年 X 省 13 所省属本科高校年收入构成

学校	总收入（元）	财政拨款决算数		事业收入		其他	
		金额（元）	比例（%）	金额（元）	比例（%）	金额（元）	比例（%）
BK1	692788538.95	506401429.65	73.10	116447983.40	16.81	69939125.90	10.10
BK2	603970455.28	425070455.28	70.38	174500000.00	28.89	4400000.00	0.73
BK3	629645800.46	453062792.25	71.96	156055602.14	24.78	20527406.07	3.26
BK4	502101891.90	380859024.36	75.85	105600000.00	21.03	15642867.54	3.12
BK5	236556237.61	197320867.82	83.41	35000000.00	14.80	4235369.79	1.79
BK6	408805636.63	264917487.00	64.80	140000000.00	34.25	3888149.63	0.95
BK7	299525345.79	223721290.10	74.69	70000000.00	23.37	5804055.69	1.94
BK8	209969557.80	155207326.00	73.92	47000000.00	22.38	7762231.80	3.70

学校	总收入（元）	财政拨款决算数		事业收入		其他	
		金额（元）	比例（%）	金额（元）	比例（%）	金额（元）	比例（%）
BK9	277614717.92	215976578.00	77.80	60000000.00	21.61	1638139.92	0.59
BK10	257842024.22	197247341.70	76.50	52000000.00	20.17	8594682.52	3.33
BK11	270008774.49	217335605.00	80.49	44928331.00	16.64	7744838.49	2.87
BK12	271008087.27	223442164.00	82.45	42000000.00	15.50	5565923.27	2.05
BK13	145274160.84	83348697.50	57.37	58800000.00	40.48	3125463.34	2.15
总计	4987175033.42	3660087881.16	73.39	1166513975.36	23.39	160573176.90	3.22

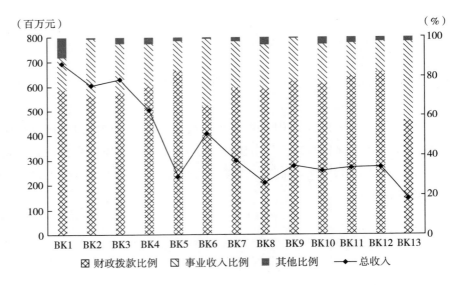

图3-8　2012年X省13所省属本科高校年收入构成

如表3-5和图3-8所示，2012年X省13所省属本科高校年收入中财政拨款占比均高于50%，其中，BK5高校财政拨款占比最高，为83.41%，BK13高校财政拨款占比最低，为57.37%。2012年X省13所本科高校年收入中事业收入所占比例均处于14.80%~40.48%，其中事业收入占比最高的为BK13高校，占比最低的为BK5高校；2012年其他收入所占比例除BK1为10.10%外，其他高校均低于10%，其中占比最低的高校为BK9的0.59%。

表 3-6　2013 年 X 省 14 所省属本科高校年收入构成

学校	总收入（元）	财政拨款决算数		事业收入		其他	
		金额（元）	比例（%）	金额（元）	比例（%）	金额（元）	比例（%）
BK1	714099436.36	482721641.45	67.60	123650529.51	17.32	107727265.40	15.09
BK2	621062279.14	429612535.92	69.17	186000000.00	29.95	5449743.22	0.88
BK3	644168090.25	465817417.72	72.31	155658000.00	24.16	22692672.53	3.52
BK4	604832201.17	389832201.17	64.45	107500000.00	17.77	107500000.00	17.77
BK5	236285934.00	163276802.00	69.10	68000000.00	28.78	5009132.00	2.12
BK6	412073452.35	248847231.50	60.39	160000000.00	38.83	3226220.85	0.78
BK7	356723324.99	272016061.00	76.25	80000000.00	22.43	4707263.99	1.32
BK8	205010477.87	145514610.80	70.98	50000000.00	24.39	9495867.07	4.63
BK9	291218381.45	208774248.00	71.69	81153081.80	27.87	1291051.65	0.44
BK10	264241180.79	187134821.70	70.82	66000000.00	24.98	11106359.09	4.20
BK11	333026064.05	191249028.00	57.43	125248571.00	37.61	16528465.05	4.96
BK12	242966433.68	176499904.00	72.64	62000000.00	25.52	4466529.68	1.84
BK13	180543387.91	123655497.50	68.49	54800000.00	30.35	2087890.41	1.16
BK14	192692127.00	145173367.50	75.34	45000000.00	23.35	2518759.50	1.31
总计	5298942771.01	3630125368.26	68.51	724201652.80	13.67	303807220.44	5.73

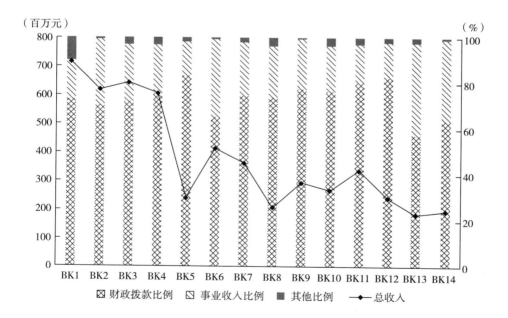

图 3-9　2013 年 X 省 14 所省属本科高校年收入构成

如表 3-6 和图 3-9 所示，2013 年 X 省 14 所省属本科高校年收入中财政拨款占比均高于 50%。其中，BK7 高校财政拨款占比最高，为 76.25%，BK11 高校财政拨款占比最低，为 57.43%。2013 年 X 省 14 所本科高校年收入中事业收入所占比例均处于 17.32%~38.83%，其中事业收入占比最高的为 BK6 高校，占比最低的为 BK1 高校；2013 年其他收入所占比例除 BK4 占比 17.77% 以及 BK1 占比 15.09% 外，其他高校均低于 10%，其中所占比例最低的本科高校为 BK9，所占比例为 0.44%。

表 3-7   2014 年 X 省 14 所省属本科高校年收入构成

学校	总收入（元）	财政拨款决算数		事业收入		其他	
		金额（元）	比例（%）	金额（元）	比例（%）	金额（元）	比例（%）
BK1	844965022.67	557675147.00	66.00	199527198.24	23.61	87762677.43	10.39
BK2	702523753.60	494705692.00	70.42	185930000.00	26.47	21888061.60	3.12
BK3	782952104.56	556618028.92	71.09	200180000.00	25.57	26154075.64	3.34
BK4	671373344.02	401331875.00	59.78	246568101.11	36.73	23473367.91	3.50
BK5	223290559.85	180998902.00	81.06	40000000.00	17.91	2291657.85	1.03
BK6	429606987.95	272416649.50	63.41	150000000.00	34.92	7190338.45	1.67
BK7	323320370.48	238551928.00	73.78	82934024.35	25.65	1834418.13	0.57
BK8	396315527.87	326230384.00	82.32	53000000.00	13.37	17085143.87	4.31
BK9	306736633.04	229302738.00	74.76	74629883.00	24.33	2804012.04	0.91
BK10	295754727.64	213481414.70	72.18	64000000.00	21.64	16463324.94	6.18
BK11	349370453.29	239414546.00	68.53	93765513.10	26.84	16190394.19	4.63
BK12	248887312.18	195539804.00	78.57	43000000.00	17.28	10347508.18	4.16
BK13	190388732.40	131821747.50	69.24	56000000.00	29.41	2566984.90	1.35
BK14	180473892.20	120339857.50	66.68	56000000.00	31.03	4134034.70	2.29
总计	5945959421.75	4158428714.12	69.94	1545534719.80	25.99	241995987.83	4.07

如表 3-7 和图 3-10 所示，2014 年 X 省 14 所省属本科高校年收入中财政拨款占比均高于 50%。其中，BK8 高校财政拨款占比最高，为 82.32%，BK4 高校财政拨款所占比例最低，为 59.78%。2014 年 X 省 14 所本科高校年收入中事业收入所占比例均处于 13.37%~36.73%；2014 年其他收入所占比例除 BK1 高校占比 10.39% 外，其他高校均低于 10%，其中占比最低的是 BK7 高校，占比只有 0.57%。

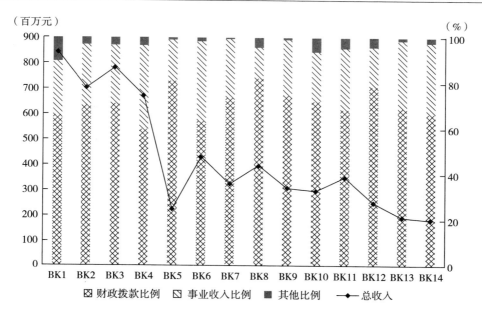

图 3-10　2014 年 X 省 14 所省属本科高校年收入构成

二、X省属本科高校教育经费生均拨款状况

为了探究 X 省属本科高校财政拨款现状及存在的问题，本书采用问卷调查法和访谈法展开分析。以下是基于问卷调查的分析：

通过对 2008~2014 年 14 所省属本科高校决算报表数据的统计分析，我们发现，无论是生均财政拨款还是生均基本支出拨款均缺乏统一的标准，各高校之间存在明显的差异，详细内容如表 3-8～表 3-14 所示。

表 3-8　2008 年 X 省属高校高等教育财政拨款状况①

学校	财政拨款总额（元）	学生数一（人）	学生数二（人）	生均拨款额一（元）	生均拨款额二（元）
BK1	235365426.00	19908	21832	11822.66	10780.75
BK2	183674287.00	22184	23421	8279.58	7842.29

---

①　折算学生人数有两种方法：方法一的学生折算系数为本专科生＝1，硕士生＝1，博士生＝1；方法二的学生折算系数为本专科生＝1，硕士生＝1.5，博士生＝2。

续表

学校	财政拨款 总额（元）	学生数一 （人）	学生数二 （人）	生均拨款额一 （元）	生均拨款额二 （元）
BK3	192537950.00	23602	24755	8157.70	7777.74
BK4	168330073.60	15951	16988	10552.95	9908.76
BK5	54938568.00	9720	9744	5652.12	5638.19
BK6	98285696.00	12813	13013	7670.78	7552.89
BK7	105634726.00	13079	13079	8076.67	8076.67
BK8	46782066.00	5939	6089	7877.09	7683.05
BK9	80751574.00	13313	13313	6065.62	6065.62
BK10	75191083.00	11214	11214	6705.11	6705.11
BK11	71835270.00	10715	10715	6704.18	6704.18
BK12	52984650.00	7110	7110	7452.13	7452.13
总计	1366311370.00	165548	171273	95016.59	92187.38

从 2008 年的数据来看，在 X 省属高校财政拨款总额中，BK1 最高，为 235365426.00 元，BK8 最低。由于 2008 年 BK13 和 BK14 学生数据缺失，所以无法测算生均财政拨款额。现有的生均财政拨款额中，最大值与最小值的差距在 5100 元以上。

表 3-9　2009 年 X 省属高校高等教育财政拨款状况

学校	财政拨款 总额（元）	学生数一[①] （人）	学生数二 （人）	生均拨款额一 （元）	生均拨款额二 （元）
BK1	259255105.10	20815	23019	12455.21	11262.66
BK2	200462368.50	25373	26785	7900.62	7484.13
BK3	237941041.50	26117	27402	9110.58	8683.35
BK4	186150312.00	17733	18870	10497.40	9864.88
BK5	63855285.00	10272	10353	6216.44	6167.80
BK6	140186310.29	15536	15823	9023.32	8859.65
BK7	127074329.50	13886	13886	9151.26	9151.26

---

① 生均拨款为根据两种不同的学生折算系数计算的结果，公式为：生均拨款额=财政拨款额/折算学生数，其中折算学生数使用以上两种方法分别计算。（下同）

续表

学校	财政拨款 总额（元）	学生数一① （人）	学生数二 （人）	生均拨款额一 （元）	生均拨款额二 （元）
BK8	51773311.00	5895	6065	8782.58	8536.41
BK9	91878299.00	13847	13847	6635.25	6635.25
BK10	80551686.00	11719	11719	6873.60	6873.60
BK11	73474276.50	11196	11196	6562.55	6562.55
BK12	70275200.00	8268	8268	8499.66	8499.66
合计	1704651452.09	199431	206007	114636.55	111509.28

从2009年的数据来看，在X省属本科高校财政拨款总额中，BK1最高，为259255105.10元，BK8仍为最低。在生均财政拨款额中，最大值与最小值的差距为5893元。

表3-10　2010年X省属高校高等教育财政拨款状况

学校	财政拨款 总额（元）	学生数一 （人）	学生数二 （人）	生均拨款额一 （元）	生均拨款额二 （元）
BK1	297213458.10	21333	23805	13932.10	12485.34
BK2	279997990.50	26715	28315	10480.93	9888.68
BK3	309322740.30	27723	29187	11157.62	10597.96
BK4	231410019.42	18939	19889	12218.70	11635.08
BK5	94472374.00	10449	10577	9041.28	8931.87
BK6	158663980.70	17420	17718	9108.15	8954.96
BK7	144546837.50	14332	14332	10085.60	10085.60
BK8	82461115.00	6745	6934	12225.52	11892.29
BK9	112510790.00	13483	13483	8344.64	8344.64
BK10	124379306.00	12045	12045	10326.22	10326.22
BK11	94919179.50	11207	11207	8469.63	8469.63
BK12	90824270.00	8150	8150	11144.08	11144.08
合计	1846136558.02	207420	214521	139506.95	135728.82

从2010年的数据来看，在X省属本科高校财政拨款总额中，BK3最高，为309322740.30元，BK8最低。在生均财政拨款额中，最大值与最小值的差距在5500元以上。

表 3-11　2011 年 X 省属高校高等教育财政拨款状况

学校	财政拨款 总额（元）	学生数一 （人）	学生数二 （人）	生均拨款额一 （元）	生均拨款额二 （元）
BK1	422477345.15	21574	23985	19582.71	17614.23
BK2	355732106.28	27343	29068	13009.99	12237.93
BK3	378835368.30	28392	30007	13343.03	12624.90
BK4	319290944.11	20649	21757	15462.78	14675.32
BK5	153395599.59	11109	11282	13808.23	13596.49
BK6	209370957.65	18862	19337	11100.15	10827.48
BK7	187407317.04	14637	14637	12803.67	12803.67
BK8	235434886.00	7821	8029	30102.91	29323.06
BK9	182760145.00	13742	13742	13299.38	13299.38
BK10	159182291.70	12449	12449	12786.75	12786.75
BK11	162571185.00	12606	12606	12896.33	12896.33
BK12	123206364.00	8064	8064	15278.57	15278.57
合计	3065108304.32	216600	224315	201598.58	196088.20

从 2011 年的数据来看，在 X 省属本科高校财政拨款总额中，BK1 最高，为
422477345.15 元，BK12 最低。在生均财政拨款额中，最大值与最小值的差距在
19000 元以上。

表 3-12　2012 年 X 省属高校高等教育财政拨款状况

学校	财政拨款 总额（元）	学生数一 （人）	学生数二 （人）	生均拨款额一 （元）	生均拨款额二 （元）
BK1	506401429.65	21812	24352	23216.64	20795.07
BK2	425070455.28	27609	29478	15396.08	14419.92
BK3	453062792.25	28722	30515	15774.07	14847.22
BK4	380859024.36	20842	22043	18273.63	17278.00
BK5	197320867.82	11155	11351	17689.01	17383.57
BK6	264917487.00	18811	19260	14083.12	13754.80
BK7	223721290.10	14637	14637	15284.64	15284.64
BK8	155207326.00	7838	8055	19801.90	19268.45
BK9	215976578.00	13742	13742	15716.53	15716.53
BK10	197247341.70	12449	12449	15844.43	15844.43

续表

学校	财政拨款 总额（元）	学生数一 （人）	学生数二 （人）	生均拨款额一 （元）	生均拨款额二 （元）
BK11	217335605.00	12606	12606	17240.65	17240.65
BK12	223442164.00	8064	8064	27708.60	27708.60
BK13	83348697.50	9562	9562	8716.66	8716.66
合计	3660087881.16	217639	225904	236612.85	230125.42

从 2012 年的数据来看，在 X 省属本科高校财政拨款总额中，BK1 最高，为 506401429.65 元，BK13 最低，为 83348697.50 元，差值为 423052732.15 元。在生均财政拨款额中，最大值与最小值的差距在 18000 元以上。

表 3-13　2013 年 X 省属高校高等教育财政拨款状况

学校	财政拨款 总额（元）	学生数一 （人）	学生数二 （人）	生均拨款额一 （元）	生均拨款额二 （元）
BK1	482721641.50	24050	26953	20072.00	17910.00
BK2	429612535.92	27184	29140	15804.00	14743.00
BK3	465817417.72	28687	30537	16238.00	15254.00
BK4	389832201.17	22673	23963	17194.00	16268.00
BK5	163276802.32	11290	11514	14462.00	14181.00
BK6	248847231.50	18753	19182	13270.00	12973.00
BK7	272016061.00	14458	14458	18814.00	18814.00
BK8	145514610.80	8624	8868	16873.00	16409.00
BK9	208774248.00	14427	14452	14471.00	14446.00
BK10	187134821.70	13805	13805	13556.00	13556.00
BK11	191249028.00	15613	15613	12249.00	12249.00
BK12	176499904.00	24050	26953	7339.00	6548.00
BK13	123655497.50	9602	9602	12878.10	12878.10
BK14	145173367.50	10103	10103	14369.33	14369.33
合计	3630125368.63	243319	255143	207589.43	200598.43

从 2013 年的数据来看，在 X 省属本科高校财政拨款总额中，BK1 最高，为 482721641.50 元，BK13 最低，为 123655497.50 元，差值为 359066144 元。在生均财政拨款额中，最大值与最小值的差距在 12000 元以上。

表 3-14 2014 年 X 省属高校高等教育财政拨款状况

学校	财政拨款总额（元）	学生数一（人）	学生数二（人）	生均拨款额一（元）	生均拨款额二（元）
BK1	557675147.00	25285	28332	22056.00	19684.00
BK2	494705692.49	26883	28929	18402.00	17101.00
BK3	556618028.92	29095	31008	19131.00	17951.00
BK4	401331875.00	23691	25077	16940.00	16004.00
BK5	180998902.32	11634	11890	15558.00	15223.00
BK6	272416649.50	18660	19070	14599.00	14285.00
BK7	238551928.00	14526	14526	16422.00	16422.00
BK8	326230384.00	8298	8573	39314.00	38053.00
BK9	229302738.44	14766	14791	15529.00	15503.00
BK10	213481414.70	14668	14668	14554.00	14554.00
BK11	239414546.00	17056	17056	14037.00	14037.00
BK12	195539804.00	10701	10701	18273.00	18273.00
BK13	131821747.50	9316	9316	14150.04	14150.04
BK14	120339857.50	10238	10238	11754.23	11754.23
合计	4158428715.37	234817	244175	250719.27	242994.27

从 2014 年的数据来看，在 X 省属本科高校财政拨款总额中，BK1 最高，为 557675147.00 元，BK14 最低，差值为 437335289.5。在生均财政拨款额中，最大值与最小值的差距在 26000 元以上。

生均综合定额拨款的标准差的下降趋势较为明显，说明 X 省属本科高校的综合定额拨款趋于均衡发展，同时也说明政府在拨款时已经关注到综合定额拨款在各高校间的公平性。由于高校支出活动的复杂性，X 省高校的预算编制在一些方面还落后于财政预算体制的改革，突出表现在预算安排采取传统的"基数+增长"的编制方式，预算约束"软化"及资金管理不规范。按照基数法编制预算，相对而言是比较简便的。在财政收支规模不大、编制预算所需信息不足、编制预算手段落后、编制预算人员水平参差不齐的情况下，基数法编制预算是一种较好的选择。但是，随着财政收支规模的不断扩大，这种预算编制方法的弊端日益明显地暴露出来。这些弊端主要表现在以下几个方面：这种方法主要以过去事实为基础，较少考虑各高校实际工作的变化；较多关注增量，较少考虑存量；较多考虑收入，较少考虑产出。这种状况在资金量较小、管理较为粗放时是合适的。但随着资金总量的增加、管理水平的提高，这种方法越来越无法满足管理的需要。

　　X省高等教育拨款方式主要采用"生均综合定额+专项补助"的方法，高校获得政府教育经费的主要依据是在校学生数和学校类型。这一拨款方式虽然有一定的绩效拨款因素，但也存在一些问题，主要有：考虑因素单一，既没有考虑不同专业学生培养成本的差异，也没有考虑高校不同职能活动在运行成本上的差异，因而与学校成本状况不相适应，严格地说还不能称为公式拨款；生均综合定额标准的确定依据不足，未进行科学合理的测算，主观性大；由于不同学校之间定额标准的差异主要体现在学校类型上，而高校的类型向综合性方向发展，因而这种拨款方式已无法体现资金分配的公平与效率。

　　为了满足部门预算改革及X省高校改革与发展的要求，需对高校基本支出水平进行科学合理的测算，制定切合实际的生均综合定额标准。在有条件的基础上，测算分学科生均综合定额标准。在拨款方式上，改革传统的生均综合定额拨款方式，采用考虑多因素（学科、物价、绩效等）的拨款公式，并适当减少项目拨款的比例，从而降低管理费用。

第三节　X省属本科高校财务状况分析

一、X省属本科高校教育经费支出分析

　　从X省14所省属本科高校的2008~2014年决算表的数据分析（见表3-15~表3-21、图3-11），可以发现，项目支出所占比例逐年增加，而基本支出所占总支出的比例逐年下降。

表3-15　2008年X省属本科高校基本支出和项目支出分析

学校	基本支出（元）	项目支出（元）	总支出（元）	基本支出占比（%）	项目支出占比（%）
BK1	285898855.83	37221507.86	323120363.70	88.48	11.52
BK2	239966015.75	50711230.87	290677246.60	82.55	17.45
BK3	281409357.72	51018400.00	332427757.70	84.65	15.35
BK4	151687787.56	62037830.26	213725617.80	70.97	29.03

续表

学校	基本支出（元）	项目支出（元）	总支出（元）	基本支出占比（%）	项目支出占比（%）
BK5	83222921.78	9291800.00	92514721.78	89.96	10.04
BK6	137861493.65	34992440.00	172853933.70	79.76	20.24
BK7	121655796.54	25048600.00	146704396.50	82.93	17.07
BK8	50054649.98	15475709.5	65530359.48	76.38	23.62
BK9	115295539.84	24921880.00	140217419.80	82.23	17.77
BK10	89405617.18	29392760	118798377.20	75.26	24.74
BK11	80548444.57	13153000.00	93701444.57	85.96	14.04
BK12	51775727.72	22026060.00	73801787.72	70.16	29.84
合计	1688782208.12	349073467.62	2064073427.74	81.82	18.18

从 2008 年的数据来看，12 所高校的基本支出的占比都大于项目支出。其中基本支出与项目支出差距最大的为 BK1，基本支出占比达到 88.48%，项目支出仅占 11.52%。差距最小的为 BK12，基本支出占比 70.16%，项目支出占比 29.84%。12 所高校整体加总的结果为基本支出为 81.82%，项目支出为 18.18%。

表3-16　2009 年 X 省属本科高校基本支出和项目支出分析

学校	基本支出（元）	项目支出（元）	总支出（元）	基本支出占比（%）	项目支出占比（%）
BK1	313181767.66	77258817.44	390440585.10	80.21	19.79
BK2	242643782.24	94129480.00	336773262.20	72.05	27.95
BK3	279193782.48	67424960.00	346618742.50	80.55	19.45
BK4	156095466.52	57600579.00	213696045.50	73.05	26.95
BK5	96871990.00	18213320.00	115085310.00	84.17	15.83
BK6	148030496.51	63208920.00	211239416.50	70.08	29.92
BK7	133729821.48	50904384.05	184634205.50	72.43	27.57
BK8	59081585.48	16704070.50	75785655.98	77.96	22.04
BK9	108912945.73	26663320.00	135576265.70	80.33	19.67
BK10	91921097.15	30890160.00	122811257.20	74.85	25.15
BK11	86645575.93	29327223.20	115972799.10	74.71	25.29
BK12	82319478.12	29780260.00	112099738.10	73.43	26.57
合计	1798627789.30	562105494.20	2360733283.50	76.19	23.81

从2009年的数据来看，12所高校的基本支出的占比均高于项目支出。其中BK5的基本支出与项目支出的占比差距大，基本支出84.17%，项目支出15.83%。差距最小的为BK6，基本支出70.08%，项目支出29.92%。12所高校加总的水平相较于2008年，基本支出下降，项目支出上升，具体为基本支出76.19%，项目支出23.81%。

表3-17　2010年X省属本科高校基本支出和项目支出分析

学校	基本支出（元）	项目支出（元）	总支出（元）	基本支出占比（%）	项目支出占比（%）
BK1	336584274.14	96732384.47	433316658.60	77.68	22.32
BK2	237731199.12	186013932.42	423745131.50	56.10	43.90
BK3	266696053.02	155987400.00	422683453.00	63.10	36.90
BK4	151345865.54	49142786.85	200488652.40	75.49	24.51
BK5	97599045.06	37332640	134931685.10	72.33	27.67
BK6	155212992.85	51227000	206439992.90	75.19	24.81
BK7	143377484.12	40512270.55	183889754.70	77.97	22.03
BK8	73234141.27	30694614.22	103928755.50	70.47	29.53
BK9	95033295.61	45445500	140478795.60	67.65	32.35
BK10	97494444.93	61048800	158543244.90	61.49	38.51
BK11	82520139.87	49893142.65	132413282.50	62.32	37.68
BK12	67090364.58	63827624.83	130917989.40	51.25	48.75
合计	1803919300.11	867858095.99	2671777396.10	67.52	32.48

　　从2010年的数据来看，12所高校的基本支出的占比逐渐降低，而项目支出的占比逐年升高，但基本支出仍高于项目支出，具体为基本支出67.52%，项目支出32.48%。基本支出与项目支出差距最大的为BK7，基本支出77.97%，项目支出22.03%。差距最小的为BK12，基本支出为51.25%，项目支出为48.75%。

表3-18　2011年X省属本科高校基本支出和项目支出分析

学校	基本支出（元）	项目支出（元）	总支出（元）	基本支出占比（%）	项目支出占比（%）
BK1	367108226.21	220737695.20	587845921.41	62.45	37.55
BK2	316094987.57	502818887.57	818913875.14	38.60	61.40

学校	基本支出（元）	项目支出（元）	总支出（元）	基本支出占比（%）	项目支出占比（%）
BK3	373686725.83	187051480.00	560738205.83	66.64	33.36
BK4	233680121.72	155814722.50	389494844.22	60.00	40.00
BK5	91586139.85	109541260.00	201127399.85	45.54	54.46
BK6	187643875.39	137001420.00	324645295.39	57.80	42.20
BK7	148296137.25	104040712.40	252336849.65	58.77	41.23
BK8	79994071.44	182267793.12	262261864.56	30.50	69.50
BK9	152540779.77	69992700.00	222533479.77	68.55	31.45
BK10	99710026.90	108299480.00	208009506.90	47.94	52.06
BK11	108796902.13	92535919.49	201332821.62	54.04	45.96
BK12	75121242.48	92535919.49	167657161.97	44.81	55.19
合计	2234259236.54	1962637989.77	4196897226.31	53.24	46.76

随着年份的变化，12 所高校的基本支出与项目支出的差距越来越小。整体加总的基本支出与项目支出的占比分别为 53.24% 和 46.76%。在 12 所高校中有 5 所学校的项目支出超过基本支出。其中，BK8 的基本支出与项目支出的占比差距最大，基本支出为 30.50%，项目支出为 69.50%。BK10 的差距最小，基本支出为 47.94%，项目支出为 52.06%。

表 3-19　2012 年 X 省属本科高校基本支出和项目支出分析

学校	基本支出（元）	项目支出（元）	总支出（元）	基本支出占比（%）	项目支出占比（%）
BK1	379137281.62	260224904.18	639362185.80	59.30	40.70
BK2	374699007.60	223220000.00	597919007.60	62.67	37.33
BK3	446725604.47	201240844.86	647966449.30	68.94	31.06
BK4	244049879.18	163564815.20	407614694.40	59.87	40.13
BK5	99824370.06	123323000.00	223147370.10	44.73	55.27
BK6	185577727.66	145777178.00	331354905.70	56.01	43.99
BK7	168901929.64	122853343.95	291755273.60	57.89	42.11
BK8	96050196.64	125305930.05	221356126.70	43.39	56.61
BK9	153953745.23	153435000.00	307388745.20	50.08	49.92

续表

学校	基本支出（元）	项目支出（元）	总支出（元）	基本支出占比（%）	项目支出占比（%）
BK10	118533979.64	135158200.00	253692179.60	46.72	53.28
BK11	143604198.65	125400200.00	269004398.70	53.38	46.62
BK12	79833190.57	182366868.50	262200059.10	30.45	69.55
BK13	82470594.46	33327000.00	115797594.50	71.22	28.78
合计	2573361705.00	1995197285.00	4568558990.00	56.33	43.67

从2012年的数据来看，除了BK5、BK8、BK10、BK12的项目支出大于基本支出，其余学校的基本支出都大于项目支出。其中BK5的基本支出44.73%，项目支出55.27%。BK8基本支出43.39%，项目支出56.61%。BK10基本支出46.72%，项目支出53.28%。BK12基本支出30.45%，项目支出69.55%。12所高校的加总结果为：基本支出的占比大于项目支出的占比，基本支出为56.33%，项目支出为43.67%。

表3-20　2013年X省属本科高校基本支出和项目支出分析

学校	基本支出（元）	项目支出（元）	总支出（元）	基本支出占比（%）	项目支出占比（%）
BK1	456698920.00	243043424.31	699742344.10	65.27	34.73
BK2	384222716.00	236314000.00	620536715.50	61.92	38.08
BK3	336144460.00	229616868.40	565761328.00	59.41	40.59
BK4	158493988.00	261950717.58	420444705.40	37.70	62.30
BK5	112111303.00	100851600.00	212962902.50	52.64	47.36
BK6	175758290.00	125074422.00	300832712.40	58.42	41.58
BK7	183569718.00	142237750.09	325807467.60	56.34	43.66
BK8	93113708.70	120525882.61	213639591.30	43.58	56.42
BK9	149518610.00	111803640.00	261322249.90	57.22	42.78
BK10	132405197.00	104720573.04	237125770.10	55.84	44.16
BK11	199836678.00	71771000.00	271607677.90	73.58	26.42
BK12	99742605.80	142744939.61	242487545.40	41.13	58.87
BK13	99944367.10	53822410.04	153766777.10	65.00	35.00
BK14	109870907.00	66322456.58	176193363.80	62.36	37.64
合计	2691431467.00	1915922426.04	4702231151.00	57.24	42.76

从 2013 年的数据看，除了 BK4、BK8、BK12 三所学校的基本支出小于项目支出外，其余学校的基本支出占比都大于项目支出。其中 BK4 基本支出 37.70%，项目支出 62.30%。BK8 基本支出 43.58%，项目支出 56.42%。BK12 基本支出 41.13%，项目支出 58.87%。14 所学校加总的情况为基本支出占比为 57.24%，项目支出 42.76%，项目支出少于基本支出。其中 BK5 为项目支出与基本支出差距最小的学校，而 BK11 为基本支出和项目支出差距最大的学校，基本支出 73.58%，项目支出 26.42%。

表 3-21　2014 年 X 省属本科高校基本支出和项目支出分析

学校	基本支出（元）	项目支出（元）	总支出（元）	基本支出占比（%）	项目支出占比（%）
BK1	526201530.25	292044413.00	818245943.30	64.31	35.69
BK2	417893426.06	280947700.00	698841126.10	59.80	40.20
BK3	419253333.09	361718582.60	780971915.70	53.68	46.32
BK4	221747231.91	396642802.60	618390034.60	35.86	64.14
BK5	112680258.87	121927500.00	234607758.90	48.03	51.97
BK6	230392992.14	185657628.30	416050620.50	55.38	44.62
BK7	227263074.92	96562582.52	323825657.40	70.18	29.82
BK8	112721895.04	281966500.90	394688395.90	28.56	71.44
BK9	172779805.97	117876329.80	290656135.80	59.44	40.56
BK10	150974217.91	167616404.10	318590622.00	47.39	52.61
BK11	226776262.60	141375500.00	368151762.60	61.60	38.40
BK12	109042040.46	151384200.90	260426241.30	41.87	58.13
BK13	93276658.83	103776690.00	197053348.80	47.34	52.66
BK14	107686813.19	56629516.17	164316329.40	65.54	34.46
合计	3128689541.24	2756126351.00	5884815892.00	53.17	46.83

从 2014 年的数据来看，14 所学校的加总情况中，基本支出 53.17%，项目支出 46.83%。除 BK4、BK5、BK8、BK10、BK12、BK13 外，其余学校的基本支出都多于项目支出。BK5 的基本支出与项目支出差距最小，基本支出 48.03%，项目支出 51.97%。BK8 的基本支出与项目支出差距最大，基本支出 28.56%，项

目支出 71.44%。

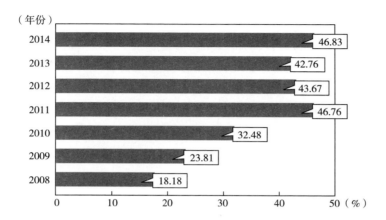

图 3-11　2008~2014 年 X 省 14 所省属本科高校项目支出的占比

从图 3-11 中可以看出，X 省 14 所省属本科高校项目支出的比例逐年增加，从 2008 年的 18.18% 上升到 2014 年的 46.83%。而基本支出随着年份的增加而减少。2008 年基本支出占比达到 81.82%，至 2014 年最低，为 53.17%。

另外，在分配结构上，项目支出拨款占财政拨款总额的比重较高。X 省高校项目拨款的比重由 2006 年的 12.99% 提高到 2015 年的 55.12%（见图 3-12）。

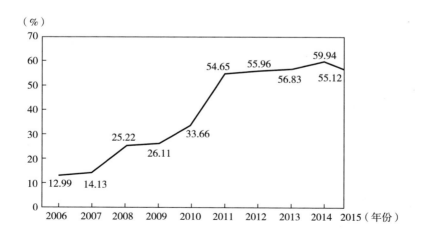

图 3-12　2006~2015 年 X 省高校拨款中项目拨款的比例

综上所述，X省属高校的预算编制在一些方面还落后于财政预算体制的改革，其拨款体制难以应对未来改革与发展的需要。突出表现在预算安排上处于从传统的"基数+增长"向"综合定额+专项补助"过渡阶段。按照这种方式编制预算，在操作层面是比较简便的。但是随着财政收支规模不断扩大，这种预算编制方法的弊端明显地暴露出来，具体表现为以下两点：

第一，缺乏统一标准。通过对2008~2010年X省属高校决算数据的统计分析，本书发现，无论是生均综合定额拨款还是生均事业拨款，各高校之间都存在明显的差异，差额每年在3500~5500元之间（见表3-22）。由此可以看出，生均综合定额标准的确定依据不足，未进行科学合理的测算，主观性大，这种拨款方式已无法体现资金分配的公平与效率。

表3-22　2008~2010年12所省属本科院校生均拨款的描述统计

院校类型		最小值	最大值	全距	平均数	标准差
生均综合定额拨款（元）	2008年	4194	9630	5436	5964	1397.20
	2009年	4118	8103	3985	5754	972.49
	2010年	4267	7873	3606	5792	871.49
	合计数	4343	8504	4161	5833	1048.03
生均事业拨款（元）	2008年	5613	10855	5242	7953	1454.66
	2009年	6167	11134	4967	8044	1390.68
	2010年	8345	12376	4031	9864	1341.25
	合计数	6942	11482	4540	8659	1604.54

第二，分配结构不合理。在分配结构上，X省属本科高校3年内综合定额拨款和事业专项拨款占事业拨款总额的比重变化较大，项目拨款的比重由2008年的25.00%提高到2010年的41.28%（见表3-23）。这一结果说明了X省属本科高校财政拨款分配结构上存在着不合理之处：项目拨款所占比例过高，而综合定额拨款比例过低。这样的分配方式很可能会对高校资金使用效率和效益造成负面影响。其中，生均综合定额拨款标准差的下降趋势较为明显，这说明X省属本科高校的综合定额拨款趋于均衡发展，说明政府在拨款时已经关注综合定额拨款在各高校间的公平性。通过以上分析，我们发现，X省属本科高校教育财政拨款模式具有一定的优势，这样的资助方式操作起来比较简单。简单地计算学生的总数量和不同层次学生的数量，就可得出每年学校可以获得的资助，这对于财政支出

有很大的便利性。但以"生均拨款定额"为标准来核定高校教育经费拨款总额，导致高校为了获取资金而一味地扩大规模，从而出现教育资金使用效率低下等问题。此外，这种拨款模式还存在很多缺点。其一，办学成本同拨款模式之间的相关度不高，学生的培养成本没有经过科学核算，缺乏精细的高等教育经费核算框架，不能提供详细的高等教育内涵式发展的支出数据。从财政部门和教育管理部门公布的统计数据来看，高等教育经费中到底有多少经费用在了内涵式发展上尚无确切数字，不利于高校的内涵式发展。其二，现行的拨款模式未考虑不同高校的类别和学科差异。高校之间存在不同程度的层次差别，在培养人才过程中付出的成本是不同的。[①] 例如，理工科比文学、历史学和经济学等学科人才培养成本要高，但因为不同专业学生定额拨款相差不大，因此会导致高校容易扩大文科招生规模，减少工程类专业的招生规模。其三，财政资金分配方式还缺乏公开透明，无法促使高校在公平的基础上进行竞争，从而提高资金的使用效率。其四，现有拨款模式也未设置绩效参数或增加绩效拨款。高等教育质量评估无法对高等教育经费分配产生直接影响，教育经费的分配缺乏绩效评估，对切实推动高校提高教育质量缺乏约束。高校教育质量评估的根本目的是督促高校将内涵式发展融入学校建设中，切实提高高校的教学质量和人才培养质量。要想将高校质量评估做好，第一步是要建立完善的质量指标评价体系，对学校发展的各方面进行客观公正的评价，为改进高等教育拨款方式提供借鉴。此外，高等教育质量评估的结果还可以帮助高校管理人员对教育财政资源进行更加合理的配置和使用，从而提高高校的办学质量。从全球范围来看，发达国家开展绩效拨款已经取得了很多经验，如美国、英国、法国和日本等国家对高等教育经费的性能进行了改革，并积累了大量有益的经验，已成为未来政府投资高等教育的主要形式。绩效评估和绩效拨款是大势所趋，政策和学者研究的方向如今也比较集中于由投入型的拨款机制向产出型的拨款机制转变。[②]"基数＋增长"和"综合定额＋专项补助"是两种广泛使用的高等教育财政拨款模式。这两种拨款方式尽管有优点，但也暴露出了一些弊端：其一，制度模糊导致针对性的配套政策缺失；其二，单因素的财政拨款公式促使高校一味扩大招生规模，不利于高等教育质量的提升；其三，缺乏合理的分类拨款机制，不能反映不同专业的培养成本差异；其四，缺乏长期稳定的

① 马陆亭. 以学校合理分类促高等教育的内涵式发展 [J]. 当代教育科学，2012 (23)：63-64.

② 孙羽迪. 美国高等教育经费来源及启示 [J]. 现代教育管理，2009 (7)：98-100.

专项资金支持政策；其五，缺乏资金使用的绩效评价机制，无法对财政资金的配置起到指导作用。

表 3-23　2008~2010 年 12 所省属本科院校事业项目拨款与综合定额拨款情况

院校名称		事业项目拨款（元）	综合定额拨款（元）	事业项目拨款所占比例（%）
BK1	2008 年	26000000.00	204365426.00	11.29
	2009 年	67864101.00	181391004.10	27.23
	2010 年	106311398.00	185902060.10	36.38
BK2	2008 年	46773480.00	136900807.00	25.47
	2009 年	53212680.00	146749688.50	26.61
	2010 年	91659946.00	167338044.50	35.39
BK3	2008 年	50418400.00	142119550.00	26.19
	2009 年	60424960.00	167516081.50	26.51
	2010 年	106953400.00	172369340.30	38.29
BK4	2008 年	61546656.60	102783417.00	37.45
	2009 年	61653860.00	110496452.00	35.81
	2010 年	107029638.92	116380380.50	47.91
BK5	2008 年	9291800.00	45646768.00	16.91
	2009 年	21213320.00	42641965.00	33.22
	2010 年	49346000.00	45126374.00	52.23
BK6	2008 年	30992440.00	67293256.00	31.53
	2009 年	33208920.00	76977390.29	30.14
	2010 年	67296600.00	86367380.70	43.79
BK7	2008 年	23048600.00	80586126.00	22.24
	2009 年	27025360.00	80048969.50	25.24
	2010 年	58003000.00	80543837.50	41.87
BK8	2008 年	14762160.00	32019906.00	31.56
	2009 年	17641160.00	34132151.00	34.07
	2010 年	41863400.00	35597715.00	54.04
BK9	2008 年	24921880.00	55829694.00	30.86
	2009 年	24663320.00	65214979.00	27.44
	2010 年	45445500.00	67065290.00	40.39

续表

院校名称		事业项目拨款（元）	综合定额拨款（元）	事业项目拨款所占比例（%）
BK10	2008 年	15892760.00	59298323.00	21.14
	2009 年	17287160.00	61264526.00	22.01
	2010 年	41048800.00	63330506.00	39.33
BK11	2008 年	13153000.00	58682270.00	18.31
	2009 年	12843000.00	60631276.50	17.48
	2010 年	32683200.00	62235979.50	34.43
BK12	2008 年	22026060.00	30958590.00	41.57
	2009 年	27780260.00	40494940.00	40.69
	2010 年	45313800.00	45510470.00	49.89
12 所院校合计	2008 年	338827236.60	1016484133.00	25.22
	2009 年	424818101.00	1067559423.39	26.11
	2010 年	792954682.92	1127767378.10	33.66

为了验证以上问题的真实性，本书对教育行政官员、高校校长和高校财务处处长作了访谈调查。

"自扩招以来，高等教育由精英化教育转向了大众化教育，高等教育资源的巨大需求加剧了高等教育经费总量短缺与高校规模不断扩大之间的矛盾，不同类型和层次高校财政拨款缺少统一标准。因此，我们需要进一步改变高校财政拨款的制度和标准，提升效率和体现公平。"——A高校校长A

"财政拨款体系尚不能充分体现高校人才培养、科学研究和社会服务等功能。财政投入的导向作用不明显，不能实现分类支持和引导，各级部门还未建立一套完善的绩效评价指标体系。"——教育行政官员F

"高校的财政经费缺乏透明度。我国的财政经费划拨分为类、款、项、目四个级别，在财政经费预算级别中教育经费属于款级，基建属于目级，教育经费的预算未能单独立项。这样的体制使得教育部门拥有教育事权，财政部门拥有教育财权，造成教育的财权与事权分离。"——Z高校财务处处长C

"多元拨款导向尚未确立，各高校教育经费拨款所依据的因素是往年生均实际经费开支。这就造成了高校的教育成本越高，所获得的财政拨款越多。由此导致高校的教育成本可能会越来越高。在综合定额一定的情况下，高校所获得的财政经费数额主要取决于其办学。这种单一的拨款导向会引发高校盲目扩大招生规

模。"——教育行政官员 G

为了解决这些问题，需要进一步对高校的财政拨款制度进行改革。按照管理科学化和精细化的要求，建立内容完备、目标导向清晰、结构优化的财政拨款制度。高校具有人才培养、科学研究和服务社会三个职能，需根据高校不同的职能提供相应的配套经费，并开展有效的绩效评估。教育经费还要充分体现不同学科办学成本的差异，以解决扩张和低成本的专业人才培养与社会需求脱节等问题。

"在资金相对短缺的情况下，我们应该增加综合定额拨款，减少项目拨款。在资金相对充足的情况下，我们可以提升综合定额拨款，不减少项目拨款。"——教育行政官员 G

"为了适应高等学校改革与发展的要求，我们需要制定切合实际的人员经费与公用经费定额标准，调整项目支出与基本支出的比例，建立和完善高等学校财政预算拨款体系。"——教育行政官员 E

高等教育财政政策的核心主题之一是高校的预算拨款制度，预算拨款制度是教育管理部门对高等教育进行宏观调控的重要抓手之一。高校预算制度改革的政策目标是在公益性原则的基础上增加财政投入总量。在此基础上，通过宏观财政政策导向作用的发挥，引导高校合理定位、科学规划，办出各自的特色和水平，从而实现内涵式发展。

为深入贯彻落实党中央、国务院有关决策部署，促进 X 省属高校内涵式发展，进一步提高办学质量和水平，推动 X 省"人才强省"战略的实施，需解决 X 省属高校面临的一系列财政问题。这些财政问题主要包括基本支出财政补助水平低于全国平均水平，高校三大职能在财政拨款体系中没有得到充分体现，财政拨款对高等教育发展的导向作用不明确，不利于高校的分类和特色发展。

"我们可以借鉴国外的科学拨款模式。比如，建立权威的中介拨款机构，建立分学科评估体系，通过产学研结合促进科研成果转化，构建 X 省本科院校的财政拨款模式，进一步提高高校的办学效益。"——X 高校校长 A

"拓宽经费来源渠道和提高财政投入的效率和效益是各国高等教育财政改革的普遍趋势，高等教育财政投入实施科学的绩效评价制度迫在眉睫。"——Y 高校财务处处长 B

"在公共教育经费供给增加的背景下，科学合理地制定 X 省高校生均经费拨

款定额标准，并实行统一的定额标准拨款，保证教育公平和提高资金使用效益。"——Z高校校长D

综合以上调查和访谈结果，X省属高校财政拨款模式改革需要坚持以下原则：第一，充分发挥高校的职能作用，服务X省发展战略。引导和支持省属高校全面提升人才培养、科学研究、社会服务和文化传承创新等方面的水平，为实施创新驱动战略、人才强省战略提供智力支持和人才保障。同时，要注重引导省属试点本科院校向应用技术大学转型发展，增强高校服务经济社会发展的能力。第二，简政放权，进一步落实和扩大省属高校办学自主权。遵循高校办学规律，坚持依法办学，坚持放管结合，明确政府与高校的关系。推动政府职能转变，提高省属高校按照规定统筹安排使用资金的能力，完善中国特色现代大学制度。第三，科学公正地配置资源，增强省属高校发展活力。项目设置面向所有省属高校，主要采取按照因素、标准、政策和绩效等办法科学合理分配资金，促进公平公正竞争，增强省属高校发展活力，提高发展的包容性。第四，引导省属高校办出特色和水平，加快内涵式发展。完善资金分配的激励约束机制，突出政策的绩效导向，引导省属高校转变办学模式，创新人才培养机制，优化人才培养结构。重点发展特色优势学科，办出特色争创一流。第五，完善多元投入机制，增强省属高校发展的内生动力和可持续性。进一步健全政府和受教育者合理分担成本、多渠道筹措经费的投入机制，鼓励多方面增加投入。进一步完善国家资助政策体系，确保家庭经济困难学生顺利完成学业。第六，妥善处理改革与发展的关系，确保改革平稳推进。进一步改革完善财政支持方式，加强政策衔接，加大投入力度，形成可持续的支持机制，促进省属高校平稳健康发展。

二、X省属本科高校的生均基本支出测算

本书将学生的层次分为专科生、本科生、硕士生以及博士生。以本科生作为参照标准，其他学历层次的在校生数通过一定的规则折合成本科生数，称为折合学生数，因此"生均"的含义是指的折合学生数后的生均。根据"X省属高校学生培养成本调查表"获取的各省属高校2008～2014年基本支出与学生统计数据，分别测算出生均人员经费与生均学科公用经费。本书对2008～2014年X省属本科高校生均基本支出进行测算，根据14所高校的基本支出，对学生数按照两种不同的方法进行折算（见表3-24～表3-30）。

表 3-24　测算 2008 年 X 省属本科高校的生均基本支出

学校	基本支出（元）	折算学生人数（人）		生均基本支出（元）	
		方法一	方法二	方法一	方法二
BK1	285898855.83	19908	21832	14361.00	13095.40
BK2	239966015.75	22184	23421	10817.08	10245.98
BK3	281409357.72	23602	24755	11923.11	11368.01
BK4	151687787.56	15951	16988	9509.61	8929.38
BK5	83222921.78	9720	9744	8562.03	8541.38
BK6	137861493.65	12813	13013	10759.50	10594.54
BK7	121655796.54	13079	13079	9301.61	9301.61
BK8	50054649.98	5939	6089	8428.13	8221.18
BK9	115295539.84	13313	13313	8660.37	8660.37
BK10	89405617.18	11214	11214	7972.68	7972.68
BK11	80548444.57	10715	10715	7517.35	7517.35
BK12	51775727.72	7110	7110	7282.10	7282.10
合计	1688782208.12	165548	171270	115094.58	111729.99

从 2008 年的数据来看，在 X 省属本科高校基本支出中 BK1 最高，为 285898855.83 元，BK8 最低，为 50054649.98 元，差值为 235844205.85 元。按照两种折算方法得出的生均基本支出，均为 BK1 最高，分别为 14361.00 元和 13095.40 元，BK12 最低，均为 7282.10 元。两种折算方法得出的生均基本支出最大值与最小值的差距在 5800 元以上。

表 3-25　测算 2009 年 X 省属本科高校的生均基本支出

学校	基本支出（元）	折算学生人数（人）		生均基本支出（元）	
		方法一	方法二	方法一	方法二
BK1	313602547.70	20815	23019	15066.18	13623.64
BK2	242643782.24	25373	26785	9563.07	9058.94
BK3	279193782.48	26117	27402	10690.12	10188.81
BK4	156095466.52	17733	18870	8802.54	8272.15
BK5	96871990.00	10272	10353	9430.68	9356.90
BK6	148030496.51	15536	15823	9528.22	9355.40

续表

学校	基本支出（元）	折算学生人数（人）		生均基本支出（元）	
		方法一	方法二	方法一	方法二
BK7	133729821. 48	13886	13886	9630. 55	9630. 55
BK8	59081585. 48	5895	6065	10022. 32	9741. 40
BK9	108912945. 73	13847	13847	7865. 45	7865. 45
BK10	91921097. 15	11719	11719	7843. 77	7843. 77
BK11	86645575. 93	11196	11196	7738. 98	7738. 98
BK12	82319478. 12	8268	8268	9956. 40	9956. 40
合计	1799048569. 34	180657	187233	116138. 28	112632. 39

从 2009 年的数据来看，在 X 省属本科高校基本支出中，BK1 最高，为313602547. 70 元，BK8 最低，为 59081585. 48 元，差值为 254520962. 22 元。按照两种折算方法得出的生均基本支出，均为 BK1 最高，分别为 15066. 18 元和13623. 64 元，BK11 最低，均为 7738. 98 元。

表 3-26　测算 2010 年 X 省属本科高校的生均基本支出

学校	基本支出（元）	折算学生人数（人）		生均基本支出（元）	
		方法一	方法二	方法一	方法二
BK1	336584274. 14	21333	23805	15777. 63	14139. 23
BK2	237731199. 12	26715	28315	8898. 79	8395. 95
BK3	266696053. 02	27723	29187	9620. 03	9137. 49
BK4	151345865. 54	18939	19889	7991. 23	7609. 53
BK5	97599045. 06	10449	10577	9340. 52	9227. 92
BK6	155212992. 85	17420	17718	8910. 05	8760. 43
BK7	143377484. 12	14332	14332	10004. 01	10004. 01
BK8	73234141. 27	6745	6934	10857. 55	10562. 36
BK9	95033295. 61	13483	13483	7048. 38	7048. 38
BK10	97494444. 93	12045	12045	8094. 18	8094. 18
BK11	82520139. 87	11207	11207	7363. 27	7363. 27
BK12	67090364. 58	8150	8150	8231. 95	8231. 95
合计	1803919300. 11	188541	195642	112137. 59	108574. 70

从 2010 年的数据来看，在 X 省属本科高校基本支出中，BK1 最高，为 336584274.14 元，BK12 最低，为 67090364.58 元，差值为 269493909.56 元。按照两种折算方法得出的生均基本支出，均为 BK1 最高，分别为 15777.63 元和 14139.23 元，BK9 最低，均为 7048.38 元。两种折算方法得出的生均基本支出最大值与最小值的差距在 7000 元以上。

表 3-27　测算 2011 年 X 省属本科高校的生均基本支出

学校	基本支出（元）	折算学生人数（人）		生均基本支出（元）	
		方法一	方法二	方法一	方法二
BK1	367108226.21	21574	23985	17016.23	15306.06
BK2	316094987.57	27343	29068	11560.36	10874.33
BK3	373686725.83	28392	30007	13161.69	12453.32
BK4	233680121.72	20649	21757	11316.78	10740.46
BK5	91586139.85	11109	11282	8244.32	8117.90
BK6	187643875.39	18862	19337	9948.25	9704.13
BK7	148296137.25	14637	14637	10131.59	10131.59
BK8	79994071.44	7821	8029	10228.11	9963.14
BK9	152540779.77	13742	13742	11100.33	11100.33
BK10	99710026.90	12449	12449	8009.48	8009.48
BK11	108796902.13	12606	12606	8630.56	8630.56
BK12	75121242.48	8064	8064	9315.63	9315.63
合计	2234259236.54	197248	204963	128663.33	124346.93

从 2011 年的数据来看，在 X 省属本科高校基本支出中，BK3 最高，为 373686725.83 元，BK12 最低。按照两种折算方法得出的生均基本支出，均为 BK1 最高，分别为 17016.23 元和 15306.06 元，BK10 最低，均为 8009.48 元。

表 3-28　测算 2012 年 X 省属本科高校的生均基本支出

学校	基本支出（元）	折算学生人数（人）		生均基本支出（元）	
		方法一	方法二	方法一	方法二
BK1	168901929.64	21812	24352	7743.53	6936.00
BK2	374699007.60	27609	29478	13571.63	12711.36

续表

学校	基本支出（元）	折算学生人数（人）		生均基本支出（元）	
		方法一	方法二	方法一	方法二
BK3	409289772.39	28722	30515	14250.04	13412.96
BK4	244049879.18	20842	22043	11709.52	11071.54
BK5	99824370.06	11155	11351	8948.85	8794.32
BK6	185577727.66	18811	19260	9865.38	9635.40
BK7	168901929.64	14637	14637	11539.38	11539.38
BK8	96050196.64	7838	8055	12254.43	11925.04
BK9	153953745.23	13742	13742	11203.15	11203.15
BK10	118533979.64	12449	12449	9521.57	9521.57
BK11	143604198.65	12606	12606	11391.73	11391.73
BK12	79833190.57	8064	8064	9899.95	9899.95
BK13	82470594.46	9562	9562	8624.83	8624.83
合计	2325690521.36	207849	216114	140523.99	136667.23

从2012年的数据来看，在X省属本科高校基本支出中，BK3最高，为409289772.39元，BK12最低，为79833190.57元，差值为329456581.82元。按照两种折算方法得出的生均基本支出，均为BK3最高，分别为14250.04元和13412.96元，BK1最低，分别为7743.53元和6936.00元。

表3-29　测算2013年X省属本科高校的生均基本支出

学校	基本支出（元）	折算学生人数（人）		生均基本支出（元）	
		方法一	方法二	方法一	方法二
BK1	456698919.77	24050	26952	18989.56	16944.59
BK2	384222715.54	27184	29139	14134.15	13185.63
BK3	336144459.58	28687	30537	11717.66	11007.78
BK4	158493987.80	22673	23963	6990.43	6614.11
BK5	112111302.53	11290	11514	9930.14	9736.96
BK6	175758290.43	18753	19182	9372.28	9162.67
BK7	183569717.54	14458	14458	12696.76	12696.76
BK8	93113708.68	8624	8868	10797.04	10499.97
BK9	149518609.88	14427	14451	10363.80	10346.23

学校	基本支出（元）	折算学生人数（人）		生均基本支出（元）	
		方法一	方法二	方法一	方法二
BK10	132405197.07	14668	14668	9026.81	9026.81
BK11	199836677.90	17056	17056	11716.50	11716.50
BK12	99742605.76	10701	10701	9320.87	9320.87
BK13	99944367.06	9602	9602	10408.70	10408.70
BK14	109870907.19	10103	10103	10875.08	10875.08
合计	2691431466.73	232276	241194	156339.78	151542.66

从 2013 年的数据来看，在 X 省属本科高校基本支出中，BK1 最高，为 456698919.77 元，BK8 最低，为 93113708.68 元，差值为 363585211.09 元。按照两种折算方法得出的生均基本支出，均为 BK1 最高，分别为 18989.56 元和 16944.59 元，BK4 最低，分别为 6990.43 元和 6614.11 元，两种折算方法得出的生均基本支出最大值与最小值的差距在 10000 元以上。

表 3-30　测算 2014 年 X 省属本科高校的生均基本支出

学校	基本支出（元）	折算学生人数（人）		生均基本支出（元）	
		方法一	方法二	方法一	方法二
BK1	526201530.25	25285	28332	20810.82	18573.02
BK2	417893426.06	26883	28929	15544.90	14445.48
BK3	419253333.09	29095	31008	14409.81	13521.03
BK4	221747231.91	23691	25077	9359.98	8842.65
BK5	112680258.87	11634	11890	9685.43	9476.89
BK6	230392992.14	18660	19070	12346.89	12081.44
BK7	227263074.92	14526	14526	15645.26	15645.26
BK8	112721895.04	8298	8573	13584.22	13148.48
BK9	172779805.97	14766	14791	11701.19	11681.81
BK10	150974217.91	14668	14668	10292.76	10292.76
BK11	226776262.60	17056	17056	13295.98	13295.98
BK12	109042040.46	10701	10701	10189.89	10189.89
BK13	93276658.83	9316	9316	10012.52	10012.52
BK14	107686813.19	10238	10238	10518.34	10518.34
合计	3128689541.24	234817	244175	177398.00	171725.56

从 2014 年的数据来看，在 X 省属本科高校基本支出中，BK1 最高，为 526201530.25 元，BK13 最低，为 93276658.83 元，差值为 432924871.42 元。按照两种折算方法得出的生均基本支出，均为 BK1 最高，分别为 20810.82 元和 18573.02 元，BK4 最低，分别为 9359.98 元和 8842.65 元，两种折算方法得出的生均基本支出最大值与最小值的差距在 9700 元以上。

第四章　X 省属高校生均成本测算

第一节　基于成本函数法的生均培养成本

收集准确的高校生均培养成本信息是改进高等教育财政拨款方式的必要前提。科学界定高等教育生均成本的内容，准确设计标准生均成本计量模型，改革完善高等教育财政拨款制度，是我国高等教育事业发展的内在需要与现实选择。[①] 本书通过对 X 省属本科院校生均培养成本进行分析，以期为 X 省属本科院校财政拨款定额制定和成本分担机制提供科学依据。同时建立并强化 X 省属本科院校成本意识，进而达到科学地配置资源、进一步优化人员结构、强化内部管理和提高效益的目的。由于 X 省属本科院校社会服务产出数据缺失较多，本书只探讨 X 省属本科院校教学、科研的产出和成本，分析各产出和成本的关系，从而得到生均培养成本和科研成本信息。

生均培养成本是一种显性成本，也可称为机构成本。本书基于教育成本函数法的分析方法，借鉴已有研究和 X 省属本科院校实际情况，确定 X 省属本科院校教育成本函数形式并选取相应变量。收集 2008~2010 年 X 省的省属本科院校经费收支、学生、教师人数等数据，通过实证计量估计出 X 省属本科院校教育成本函数的系数，得到 X 省属本科院校各层次学生的生均培养成本。

---

① 戴罗仙，伍海泉. 高等教育生均成本界定、测算与运用 [J]. 教育与经济，2005（1）：19-22.

一、成本函数法：概念与文献回顾

（一）成本函数法及其应用

在微观经济学中，成本函数可以由生产函数推演而来。如果厂商的生产函数为 $Q=F(X)$，其中 Q 表示产出，X 为投入要素。设 P 为投入要素的价格，则成本函数是 $C=F(Q，P)$，并且 $C(Q，P)=\min(XP)$。生产函数描述了一定技术条件下投入与产出的关系。而成本函数则是描述在考虑投入要素价格的情况下成本与产出的关系。两种函数相互联系但侧重点不同。

学者们对成本函数的研究经历了从单一产出成本函数到多产出成本函数的过程。[1] 传统的经济学分析总是假定厂商的产出是单一的。虽然也有些分析涉及多产出的表述（如用产出向量表示），但都是简单地使用单产出的成本函数。单一产出的生产技术虽然在理论上很重要，但在现实中并不常见。现实生活中大量厂商都是生产多种不同的产出。单一产出成本函数简单套用多产出厂商有诸多缺点，如破坏了生产结构的正则条件（Regularity Condition），待估参数过多。

1977 年鲍莫尔（Baumol）的《论对多产品产业自然垄断的适当成本检验》、1981 年鲍莫尔等的《范围经济》及 1982 年沙基（Sharkey）的《自然垄断理论》等研究成果的出现，标志着成本函数的研究从单产品领域向多产品领域迈进。这些研究将成本函数理论从单产出领域扩展到普适性程度更为广泛的多产出基础之上。

一个好的成本函数应具备灵活性、正则性和参数简洁等特性。随着计量经济学和统计学等学科的发展，符合理论特征和实践要求的成本函数模型在不断改进和完善。常用的成本函数形式有 Cobb-Douglas 成本函数、CES 成本函数、"混合 Diewert"成本函数、对数成本函数、二次成本函数、广义超越对数成本函数和复合成本函数等。[2] 多产出成本函数广泛应用于银行业、交通运输业、公用设施、电信业、石油业和医疗服务行业等具有多产出组织特征的众多行业里。我国运用多产出成本函数的研究主要集中在银行业、金融行业等领域，其他行业涉及较少。我国运用成本函数的实证研究总结如表 4-1 所示。

---

① 成刚. 中外高等教育成本函数研究［J］. 江西财经大学学报，2006（5）：102-107.
② 成刚. 国外高等教育规模经济的研究方法述评［J］. 复旦教育论坛，2006（6）：72-77.

表 4-1 我国运用成本函数的实证研究

研究者	研究目的	适用行业	研究样本	数据类型	函数形式
吴明，李曼春等（2000）	经济效率	医院	1994～1996 年威海市 16 所县级以上医院	平行数据	C-D 成本函数
刘宗华（2003）	规模经济	银行业	1994～2001 年 16 家银行	面板数据	超越对数成本函数
刘宗华，邹新月（2004）	规模经济范围经济	银行业	1994～2001 年 14 家银行	面板数据	广义超越对数成本函数
刘玲玲，李西新（2006）	成本效率	银行业	1998～2004 年 22 家银行	非均衡面板数据	C-D 成本函数
胡俊华，周芳（2006）	规模经济	银行业	1999～2003 年 14 家银行	面板数据	超越对数成本函数
成刚（2006）	规模经济范围经济	银行业	1998～2003 年 14 家银行	面板数据	复合成本函数
刘玲玲，李西新（2006）	成本效率	银行业	1998～2004 年 8 家中国银行和 3 家德国银行	非均衡面板数据	超越对数成本函数
赵国庆，任宇宁（2007）	规模收益经营效率	供电行业	1995～2006 年、2001～2006 年共 79 家中日供电企业	非平衡面板数据	超越对数成本函数
任宇宁，赵国庆（2007）	规模收益	供电行业	2003～2004 年 31 个省级行政区的供电行业	面板数据	C-D 成本函数
严太华，金煦皓（2007）	规模经济	银行业	1998～2003 年 14 家银行	面板数据	超越对数成本函数
杨大强（2008）	范围经济	银行业	1995～2006 年 14 家银行	非均衡面板数据	基于 BOX-COX 转换的广义超越对数成本函数
齐天翔，杨大强（2009）	经营效率	银行业	1995～2006 年 14 家银行	非均衡面板数据	超越对数成本函数
窦育民，李富有（2009）	范围经济	银行业	1994～2006 年 14 家银行	非均衡面板数据	二次成本函数
匡莉，徐淑一等（2009）	规模经济	医院	2004 年广东 305 家公立医院	截面数据	超越对数成本函数
张成，李敏（2010）	范围经济	银行业	1996～2007 年 8 家银行	面板数据	基于 BOX-COX 转换的广义超越对数成本函数
范建双，李忠富（2010）	规模经济范围经济	建筑行业	2003～2007 年 25 家上市公司	面板数据	广义超越对数成本函数

我国应用成本函数的实证研究涉及行业广泛，但最多的是应用于银行业。最常见的是研究规模经济和范围经济，也被用来研究效率。超越对数成本函数是最

常使用的成本函数计量模型，实证研究的数据类型多是面板数据。

（二）我国高等教育成本函数实证研究

如上文所述，成本函数是指在一定投入要素价格下产量和成本之间的对应关系。成本函数可以定义为 C=F（Q，P），其中 C 为成本，Q 为产品数量，P 为生产要素价格。教育组织同样具有投入和产出的特征，因此，我们可以用教育生产函数来描述一定技术约束条件下教育投入和教育产出的对应关系。教育成本函数是指在一定教育投入要素价格的约束下教育成本和教育产出的变动关系。因而教育成本函数可以成为高校成本控制和科学决策的有力工具。

教育成本函数又可以分为单产出成本函数和多产出成本函数。鲍莫尔等的研究成果表明，学校是生产多种产品（不同学科专业的学生）的机构。各种产品的生产方式不同，所需成本就不同，因此高等教育成本函数是多产出成本函数。[1] 与国外的研究相比，我国教育成本函数研究起步较晚，研究成果还欠丰富。我国对教育成本函数的应用主要集中在规模经济和范围经济上，也有对学校效率和成本效率的研究。

我国应用教育成本函数的实证研究中，教育成本函数的主要形式是二次成本函数，只有侯龙龙运用过 CES 成本函数。[2] 教育成本函数的估计方法主要是最小二乘法，研究样本都是教育部直属高校，缺乏对地方院校教育成本函数的研究。我国学者应用教育成本函数进行实证研究的样本、函数形式和变量选取、数据类型等总结如表4-2所示。

表4-2　我国应用教育成本函数的实证研究

研究者	研究目的	研究样本	函数形式	成本的定义	解释变量的选取
刘灿，宋光辉（2004）	高考扩招中的规模经济和范围经济	1999～2001年教育部直属高校	二次成本函数	教育事业费收入	本科生在校生数、研究生在校生数、科研经费、专任教师数
侯龙龙（2004）	范围经济	2000～2002年教育部直属74所高校	二次成本函数和CES成本函数	事业支出	学校类型、学校所在地、教学和科研质量、在校生数、科研支出、教师平均工资、生师比

---

① 鲍莫尔. 经济学：原理与政策 [M]. 北京：机械工业出版社，1998.

② 侯龙龙. 不同类型高校的内部效率——从范围经济的角度 [J]. 清华大学教育研究，2004（2）：15-22.

研究者	研究目的	研究样本	函数形式	成本的定义	解释变量的选取
成刚（2006）	分学科成本计量	2001～2004年教育部直属68所高校	二次成本函数	事业支出	社会科学本专科学生数、自然科学本专科学生数、医学本专科学生数、硕士生数、博士生数、科研事业支出、师生比、正高级教师所占比例、高校经营收入
成刚，吴克明（2007）	高校内部的范围经济	2000～2004年教育部68直属高校	二次成本函数	事业支出	社会科学本专科学生数、自然科学本专科学生数、医学本专科学生数、硕士生数、博士生数、科研事业支出、学校办学条件、师生比、专任教师中正高级教师人数
崔玉平，汪亮（2008）	成本函数估计	2001年、2004年34所教育部直属高校	二次成本函数	事业支出	本专科学生数、研究生数、科研论著数、教职工年平均薪酬、平均教学科研仪器价格、学校类型、大学综合排名
成刚（2008）	成本效率	2002～2004年教育部68所直属高校	二次成本函数	事业支出	社会科学本专科学生数、自然科学本专科学生数、医学本专科学生数、医学硕士生数、博士生数、学校科研事业支出、学校类型、学校所在地区、是否为985高校、学校办学条件
孙志军，成刚（2008）	学校效率	1998～2005年教育部68所直属高校	二次成本函数	事业支出	社会科学本专科学生数、自然科学本专科学生数、医学本专科学生数、医学硕士生数、博士生数、学校科研事业支出、经营收入

（三）国外高等教育成本函数实证研究

国外最早利用多产出理论研究高等教育成本函数的是美国的科恩（Cohn）等。科恩和莱茵（Rhine）于1989年对1981～1982学年美国1195所公立高校和695所私立高校构建二次成本函数进行分析。函数中产出变量有全日制本科招生数，全日制研究生招生数，科研基金和合同，投入变量有教职工平均工资，用最小二乘法估计。① 格鲁特（Groot）等对 1983 年美国 147 所授予博士学位的大学构建超越对数成本函数进行分析，函数中产出变量包括全日制本科生招生数、全日制研究生招生数、出版物数量。代表产出质量的变量包括研究生课程质量、其他变量、州政府的管理政策、是否拥有医学院的虚拟变量、是否拥有私立的虚拟变量，用最小二乘法估计。② 纳尔逊（Nelson）和亥沃特（Hevert）对 1979～1983 学年美国特拉华州大学 31 个院系构建超越对数成本函数进行分析。函数中产出变量包括本科生学时数、硕士生学时数、博士生学时数、教师从事研究的小时数量，其他变量包括班级规模，用最小二乘法估计。③ 劳埃德（Lloyd）等对 1988 年澳大利亚 69 所高校构建二次成本函数进行分析，函数中产出变量包括本科生、研究生、科研及五个不同的学科门类，用最小二乘法估计。④ 当德（Dundar）和刘易斯（Lewis）对 1985～1986 学年美国 18 所研究型大学 19 个院系构建二次成本函数进行了分析。函数中产出变量包括本科生学时数、硕士生学时数、博士生学时数、出版物数量，代表产出质量的变量包括院系研究生课程声誉排名，用最小二乘法估计。⑤ 桥本（Hashimoto）和科恩（Cohn）在 1991 学年对日本 94 所私立大学构建二次成本函数进行分析，函数中产出变量包括本科生数量、研究生数量、科研资助，代表产出质量的变量包括教职工工资，用最小二乘法估计。⑥ 廓夏尔（Koshal）等对 1990～1991 学年美国 171 所公立和 158 所私立综合性高校构建二次成本函数进行分析，函数中产出变量包括全日制本科生数、全日制研究生数、科研支出，代表产出质量的变量包括学生的学业成绩、投入变量、教职工平均工资，其他变量包括班级规模、学校类型的虚拟变量（卡内基分

① Cohn E. & S. Rhine. Institutions of Higher Education as Multi-product Firms Economics of Scale and Scope [J]. The Review of Economics and Statistics, 1989, 71 (5): 121-131.

② De Groot H, McMahon, Volkwein. The Cost Structure of American Research Universities [J]. The Review of Economics and Statistics, 1991, 73 (9): 424-431.

③ Nelson Randy & Hevert Kathleen. Effect of Class Size on Economics of Scale and Marginal Costs in Higher Education [J]. Applied Economics, 1992, 24 (5): 473-482.

④ Lloyd P. J., Morgan M. H., Williams R. A. Amalgamation of Universities: Are There Economics of Scale or Scope? [J]. Applied Economics, 1993, 25 (8): 1081-1092.

⑤ Halil, Dundar, et al. Departmental Productivity in American Universities: Economies of Scale and Scope [J]. Economics of Education Review, 1995, 14 (2): 119-144.

⑥ Hashimoto K. & Cohn E. Economics of Scale and Scope in Japanese Private Universities [J]. Education Economics, 1997, 5 (2): 269-277.

类法），用最小二乘法估计。[1] 伊莎蒂（Izadi）等对 1994~1995 学年英国 99 所高校构建 CES 成本函数进行分析，函数中产出变量包括人文社会科学本科生数、自然科学本科生数、研究生数、科研基金和合同，用随机边界法估计。[2] 拉班德（Laband）和伦茨（Lentz）对 1995~1996 学年美国 1492 所私立大学和 1450 所公立大学构建二次成本函数进行分析。函数中产出变量包括全日制本科生招生数、全日制研究生招生数、科研基金和合同，投入变量包括教职员工平均工资，用最小二乘法估计。[3] 史蒂文斯（Stevens）对 1995~1998 学年英国 80 所高校构建超越对数成本函数进行分析，函数中产出变量包括人文社会科学本科生数、自然科学本科生数、研究生数、科研基金和合同，投入变量包括劳动投入的价格（劳动支出除以员工数），用随机边界法估计。[4]

（四）教育成本函数法的优缺点

教育成本函数使用统计计量方法确定与学校支出最相关的因素，有助于我们全面了解学校的成本结构。而且，教育成本函数所需的数据比会计调整法和会计核算法少。因此，一般认为，高等教育成本函数分析具有以下作用：①评估课程结构和规模变化对高校预算的影响；②为不同类型、不同规模高校的成本运行状况提供详细分析，为支出需求分析和适当学费标准的制定提供参考；③为高校的培养成本提供一个平均水平参照；④估计出最有效率的学科学生培养成本标准；⑤解决高校的规模效益与范围效益问题。

教育成本函数使用统计计量方法确定与学校支出最相关的因素，全面了解学校的成本结构，所用数据远远少于整个学校财务报表的转换，具有现实可行性。构建高校教育成本函数并计量高校事业成本，提供准确的高校成本信息，是实现高校科学决策与有效经营的重要前提。

高等教育生产函数是一个"黑箱"，我们不清楚到底需要什么样的投入和技

① Koshal R. K. & Koshal M. Economics of Scale and Scope in Higher Education [J]. Economics of Education Review, 1999, 18 (5): 221-230.

② Izadi H., Johnes G., Oskrochi R., Crouchley R. Stochastic Frontier Estimation of a CES Cost Function: The Case of Higher Education in Britain [J]. Economics of Education Review, 2002, 21 (1): 63-71.

③ Laband David N. & Lentz Bernard F. New Estimates Economics of Scale and Scope in Higher Education [J]. Southern Economic Journal, 2003, 70 (1): 172-183.

④ Stevens P. A. A Stochastic Frontier Analysis of English and Welsh Universities [J]. Education Economics, 2005, 13 (4): 355-374.

术来达到最优产出。① 一个常用的办法就是从统计上拟合最佳的生产技术，以此来估计成本函数。因此，成本的定义及成本函数的选择会对高校成本结构估计的可靠性起到关键作用。但是由于我们对大多数高校的生产函数知之甚少，因此，很难准确构建高等教育成本函数的理论模型，这是教育成本函数法的一个缺点。

二、X省属高校教育成本函数的构建

（一）教育成本函数形式的确定

成本函数的计量研究首先需要确定一个符合条件的成本函数模型。一个好的成本函数模型需要具备灵活性、正则性和参数简洁的特点。随着计量经济学和统计学等学科的发展，符合理论特征和实践要求的教育成本函数模型在不断地修正和完善。

鲍莫尔等认为，合理的成本函数要采用以下三种基本设定：第一种是二次成本函数；第二种是 CES 成本函数；第三种是混合对数函数。本书选用二次成本函数形式。在高等教育成本函数的研究中，二次成本函数更受研究者的偏爱，尽管并没有明确的理论基础证明二次成本函数优于其他成本函数形式。这可能是因为二次成本函数的二次项能判定规模经济和范围经济，二次成本函数的系数可以使用普通最小二乘法或其他标准估计程序得出。高等教育二次成本函数模型的基本含义为高校办学总成本包括本科生、研究生和科研产出及各产出的交叉效应表。

（二）样本和变量的选取

本书的样本是 X 省 12 所省属本科院校。本书考察的成本 c 指的是高校的总成本。由于高校成本核算比较困难，因此，类似研究广泛使用机构支出这一指标来反映高等教育的成本。我国高校支出主要表现为事业支出（包括教育和科研事业支出），因此，本书以高校事业支出度量总成本。事业支出即高校开展教学、科研及各种辅助活动而发生的支出。我国高校事业支出的资金来源于高校全口径收入（财政拨款、上级补助收入、学杂费、经营收入等），而非仅指财政拨款。②

高校最主要的产出是教学和科研。但是，定义并度量高校产出的数量和质量至今尚未达成共识。实践中，度量教学产出的方法更常用的是使用代理变量。其

---

① 米切尔·B. 鲍莫森，约翰·C. 舒马特. 高等教育财政：理论、研究、政策与实践［M］. 孙志军等译. 北京：北京师范大学出版社，2008.

② 成刚. 我国高等教育学科成本的计量研究［J］. 南开经济研究，2006（5）：132-144.

中，最常见的衡量教学产出的指标是学生数，另一种常见的衡量教学成本的指标是学生的学时数，毕业生数也可以用来衡量教学成本。[①] 教育层级不同，教学方法、教学规律、课程设计及资源配置等方面差异很大，学生的培养方式也是不同的。因此，不同层级的教学产出成本是不同的。本书中 X 省属本科院校教育成本函数中的教学产出变量有：本专科在校生数、硕士在校生数和博士在校生数。

现有研究关于高校科研产出的代理变量主要有以下四种。[②] 第一种是发表论文以及（或者）出版专著的数量。第二种是高校从政府或其他机构获得的研究基金，这可以用来衡量科研活动的生产率。第三种是把科研看作独立的产出，但是用投入变量加以衡量。比如，我们在研究高校的科研产出时，用教师花在科研上的小时数（精力）作为代理变量。第四种是用引用率作为高校科研产出的代理变量，但是这个代理变量很少被使用。

我国教育成本函数研究中衡量科研产出用的代理变量多是科研支出。由于 X 省属本科院校科研支出数据难以收集，而用科研支出代替科研成本忽略了科研资金的使用效率。因此，本书选用论文发表数作为科研产出的代理变量。

除考虑高校产出的数量外，还必须分析产出质量。质量越高，成本就越高。但是教学和科研产出的质量是一个很难评定的问题。在使用多产出成本函数估计高校成本的文献中，通常使用的指标有大学入学成绩、大学声誉指标排名等。直接使用产出质量指标进行模型计算是较好的选择，但国内衡量高校教学和科研质量的指标尚不健全，每个高校的具体指标数据都处于不公开或半公开状态，还没有公认的科学客观的评价体系标准。王善迈曾提出，在教育产出质量不能量化的条件下，以直接影响产出质量的投入质量替代产出质量。[③] 因此，本书选用副高级及以上职称教师占专任教师的比例作为反映 X 省属本科院校教学和科研产出质量的变量。函数形式具体如下：

$$c = a_0 + \sum_{i=1}^{n} a_i Q_j + 1/2 \sum_{i=1}^{n} \sum_{j=1}^{n} a_{ij} Q_i Q_j + \gamma Quality + \mu$$

其中，c 表示生产 n 种产出的总成本，a_0 是常数项，a_i 和 a_{ij} 是产出变量的系数，Q_i 是第 i 种产出的量，$Quality$ 表示代表各产出质量的副高及以上职称教师占专任教师的比例，μ 代表随机误差项。

---

①② 米切尔·B. 鲍尔森，约翰·C. 舒马特. 高等教育财政：理论、研究、政策与实践 [M]. 孙志军等译. 北京：北京师范大学出版社，2008.

③ 王善迈. 教育经济学 [M]. 北京：北京师范大学出版社，2000.

（三）变量描述

本书中科研产出的代理变量是 X 省 12 所省属本科院校教师年公开发表的论文数。在中国知网分别以作者单位搜索各学校名称或简称，考虑到硕士学位论文和博士学位论文是学校培养硕士生和博士生的必然产出，因此在选库时进行剔除。搜索范围是中国知网的以下子库：中国学术期刊网络出版总库、中国重要会议论文全文数据库、中国重要报纸全文数据库、中国图书全文数据库、中国专利数据库、国家标准全文数据库、中国行业标准全文数据库、国外标准数据库、国家科研成果数据库、德国 Springer 公司期刊数据库和 Taylor 期刊数据库。自变量为 X 省属本科院校经费收支、学生、教师人数等数据，具体包括事业支出（万元）、本专科生在校生数（人）、硕士生在校生数（人）、博士生在校生数（人）、科研产出（知网上文章总数，篇）、副高及以上占专任教师比例、本专科生数的平方、硕士生数的平方、博士生数的平方、科研产出的平方、本专科生数和硕士生数的乘积、本专科生数和博士生数的乘积、本专科生数和科研产出的乘积、硕士生数和博士生数的乘积、硕士生数和科研产出的乘积、博士生数和科研产出的乘积。所有变量使用 2008~2011 年 4 年数据的算术平均数。

（四）计量分析

本书首先用普通最小二乘法（Ordinary Least Square，OLS）对函数进行回归，由于样本数据是 12 所高校的数据，属于横截面数据，横截面数据容易出现异方差，影响对系数的估计。样本数据在异方差的影响下运用 OLS 估计不能有效估计出成本函数的系数。加权最小二乘法（Weighted Least Squares，WLS）是最常用的估计存在异方差性模型的方法，加权最小二乘法是对原模型加权，使之变成一个新的不存在异方差的模型，然后采用 OLS 估计其参数。加权的基本思想是采用 OLS 对较小的残差平方赋予较大权数，对较大的残差平方赋予较小权数。本书运用加权最小二乘法对成本函数进行估计以消除异方差的影响。

根据共线性检验结果可知，VIF 值远大于 10，说明存在多重共线性，即自变量之间存在高度的线性相关。存在多重共线性会产生以下影响：回归系数的置信区间变宽，系数不稳定；回归系数不能反映自变量的独立作用；变量的偏确定系数变小，从而对回归预测产生极大影响，导致结果变得不可靠。

如果模型被检验证明存在多重共线性，需要采用新的方法估计模型。最常用的方法有如下几种：排除引起多重共线性的解释变量、采用差分法、主成分分析法和岭回归分析法。如果采用排除变量的方法，先要找出引起多重共线性的解释变量，然后将它排除出去，这是最有效地克服多重共线性问题的方法。最常用的方法是采用逐步回归分析，对不显著的变量进行剔除。另外也可以根据经验或关系式，采用合并或代换变量方法，减少变量从而消除多重共线性。但是，排除本应包含在模型中的变量会导致模型剩余变量的参数意义发生变化，不能明确单个变量的影响，这与使用完全多重共线替代变量的结果是类似的。

差分法主要针对时间序列数据的样本和以直接线性关系为模型形式的计量经济学模型，将原模型变换为差分模型，可以有效地消除原模型中的多重共线性。这是由于时间序列数据增量之间的线性关系远比总量之间的线性关系弱。由于多重共线性是解释变量间相关性较强造成的，可以由原始数据生成同样个数、互相正交的变量，运用主成分分析法重新进行回归得到完全没有多重共线性问题的系数估计量，但在这种情况下估计的系数较难解释。

岭回归分析法是一种专用于共线性数据分析的有偏估计回归方法，实质上是一种改良的最小二乘估计法。通过放弃最小二乘法的无偏性，放弃部分精确度为代价来寻求效果好且更符合实际的回归过程，是一种处理具有复共线性数据的有偏估计。虽然岭回归所得残差平方和比最小二乘回归要大，但它对病态数据的耐受性远远强于最小二乘法。通常岭回归方程的 R 平方值会稍低于普通回归分析，但回归系数的显著性往往明显高于普通回归，在存在共线性问题和病态数据偏多的研究中有较大的实用价值。

本书的数据是横截面数据，为尽量保留更多有用信息，采用岭回归法消除多重共线性。岭迹法 K 值选择应遵循以下几个原则：各回归系数的岭估计基本稳定；系数符号变得合理；残差平方和；取使方程基本稳定的最小 K 值。通过观察发现，当 K = 0.2 时各回归系数基本稳定，系数符号合理且 K = 0.2 是方程基本稳定的最小 K 值。

运用岭回归消除多重共线性的影响。当 K = 0.2 时，估计系数基本稳定，因此取 K = 0.2 时岭回归结果。根据岭回归的结果，得到标准方程式。对标准方程式进行反转换后得到 X 省属本科院校教育成本函数。

平均成本在多产出情形下被重新定义为某项产出平均递增成本（Average Incremental Cost，AIC），因为某个企业或组织的各项产出之间可能为异质，不见得存在产出之间相加的可能性。[1] 第 i 项产出平均递增成本为：

---

① 成刚. 我国高等教育学科成本的计量研究 [J]. 南开经济研究，2006（5）：132-144.

$$AIC_i = [C(q_n) - C(q_{n-i})] / q_i$$

其中，$C(q_n)$ 是生产 n 项产出的总成本，$C(q_{n-i})$ 是生产除了 i 以外的其他所有产出的总成本。根据估计所得的 X 省属本科院校教育成本函数、边际成本和平均成本的计算公式，利用 12 所 X 省属本科院校的均值可以计算出 X 省属高校各产出的边际成本和平均成本（见表 4-3）。根据估计所得教育成本函数、边际成本和平均成本的计算公式，可以计算出 12 所院校各产出的边际成本（见表 4-4）和平均成本（见表 4-5）。

表 4-3　X 省属本科院校各产出的边际成本和平均成本　　单位：万元

	科研产出	本专科生	硕士生	博士生
边际成本	1.344077	1.549211	2.480305	6.35965
平均成本	3.914978	1.706442	4.486403	19.26623

表 4-4　12 所 X 省属本科院校各产出的边际成本　　单位：万元

	科研产出	本专科生	硕士生	博士生
BK1	4.65045	1.648572	2.312656	27.50157
BK2	2.50518	1.820678	2.441068	17.26428
BK3	2.27556	1.889222	1.870348	16.85051
BK4	1.88985	1.455954	2.297148	7.569174
BK5	0.61404	1.428182	2.480305	—
BK6	0.92622	1.585126	2.480305	—
BK7	0.68241	1.556668	—	—
BK8	0.75465	1.249036	2.480305	—
BK9	0.85785	1.55524	—	—
BK10	0.51600	1.472688	—	—
BK11	0.40119	1.465106	—	—
BK12	0.18447	1.364058	—	—

注："—"表示该高校没有此项产出，下表同。

表 4-5　12 所 X 省属本科院校各产出的平均成本　　单位：万元

	科研产出	本专科生	硕士生	博士生
BK1	1.148151	1.786302	2.13498	19.58872

续表

	科研产出	本专科生	硕士生	博士生
BK2	2.372105	1.808743	2.43828	5.25069
BK3	0.854787	1.783339	1.755286	23.17144
BK4	2.394458	1.60926	2.993898	9.864986
BK5	6.083614	1.685701	17.55140	—
BK6	8.189113	1.939245	11.95171	—
BK7	9.784988	1.903364	—	—
BK8	6.736213	1.971864	11.91572	—
BK9	0.52695	1.539348	—	—
BK10	5.789765	1.657424	—	—
BK11	6.712971	1.640433	—	—
BK12	34.45006	1.959872	—	—

三、计算结果及讨论

X省属本科院校本专科生的生均培养成本为17064.42元，硕士生生均培养成本为44864.03元，博士生生均培养成本为192662.23元。博士生生均培养成本最高，其次是硕士生、本专科生。本书证实各高校间成本差异明显，不同学校同类产出的成本差异较大，这是由于高校的学科和产出类型不同，造成了成本结构的差异。因此，在制定财政拨款和学费标准时，应该综合考虑学校和学科类型差异，确定一个最有效率的生均培养成本，以此为依据确定财政拨款和学费标准。

我国高等教育生均成本计量的实证研究结论各有不同，主要原因是各研究者采用的研究方法不同、研究对象不同、研究数据的涵盖时间范围不同（见表4-6）。

表4-6 近年来我国研究获得高校教育成本信息

研究结论	研究方法	研究对象	研究者
2002年，生均成本的平均值为12278元	会计法	全国158所高等学校	国家发展改革委（2003）
本科生生均教育成本为27035.71元，硕士生为40553.57元，博士生为54071.42元	会计法	北京大学	陈淑梅（2003）

续表

研究结论	研究方法	研究对象	研究者
本科生生均教育成本为27548元，硕士生为59476元，博士生为96547元	会计法	清华大学	崔邦焱等（2003）
本科生生均教育成本为5144元，研究生为36905元	成本函数法	教育部直属高校	侯龙龙（2004）
2002年全国师范院校的生均培养成本为11181元	会计法	全国29所师范学院	高等师范院校财务管理研究会课题组（2005）
本科生、硕士生和博士生的培养成本分别为44300元、67300元、172800元	成本函数法	68所教育部直属高校	成刚（2006）

现有高等教育成本实证计量的样本多是教育部直属高校，这主要是因为教育部直属高校的相关收支信息公开程度高，这些高校代表我国高等教育发展的最高水平。本书的样本为X省属本科院校，是我国高等教育成本实证研究选样首次以同一地域内的省属高校为样本。同一地域范围内的高校面临的社会经济发展水平相同，同一省内的教育和财政政策也一致。研究同一省内的高校成本结构和成本行为能剔除高校所在地区社会经济发展水平的影响，能为省级教育财政改革提供科学的成本信息。

但是，本书样本高校的办学水平差距比其他同类研究的样本差距大。本书采用教育成本函数法，通过衡量高校产出分析高校成本行为，12所样本高校中培养博士的学校有4所分别是：BK1、BK2、BK3、BK4。培养硕士的7所学校分别是：BK1、BK2、BK3、BK4、BK5、BK6、BK8。样本间产出的种类和产出量之间差距较大，这种差异可能会影响计量模型结果的准确性。

12所省属本科院校平均成本中，本专科生生均培养成本差异最小，各高校培养成本均在1.7万元左右，其他产出的平均成本差异较大。同时，本专科生边际成本差异也相对最小，其他产出的边际成本差异也较大。这是因为12所高校的产出有较大的差异：BK1、BK2、BK3、BK4四所高校有科研、本专科生、硕士生和博士生四种产出；BK6、BK5、BK8三所高校有科研、本专科生、硕士生三种产出；BK7、BK9、BK10、BK11、BK12五所高校只有科研和本专科生两种产出。高等教育机构是多产出机构，产出差异会对成本有显著影响。另外，即使在有同样产出类型的高校中，各高校也都有不同的学科基础和专业特色。不同学科产出的成本差异也是造成各高校同类型产出差异的一个原因。

通过X省属本科院校教育成本函数计算得出12所样本院校产出的边际成本和

平均成本。各高校可以利用该信息分析如何将有限资源在各产出间进行分配，以降低成本，提高效率。当边际成本大于平均成本时，说明该项产出不宜再扩大规模。当边际成本小于平均成本时，可以考虑扩大该产出的规模。根据科研产出的边际成本和平均成本，应该扩大科研产出规模的高校有：BK4、BK5、BK6、BK7、BK10、BK11、BK12。对比本专科生培养的边际成本和平均成本，应该扩大本专科生规模的高校有：BK1、BK4、BK5、BK6、BK7、BK8、BK10、BK11、BK12。从硕士生培养的边际成本和平均成本对比可知，应该扩大硕士生规模的高校有：BK3、BK4、BK5、BK6、BK8。从博士生培养的边际成本和平均成本对比可知，BK1 和 BK2 不应再扩大博士生的培养规模，BK3 和 BK4 应该扩大博士生的培养规模。

研究不足之处包括：

在构建教育成本函数时，本书将 X 省属本科院校的教学产出按不同教学层次分为本专科生在校生数、硕士生在校生数和博士生在校生数。X 省财政拨款的依据主要是教学层次。但是从教育教学规律来看，各学科在研究对象、研究方法、价值理念、课程设计及资源配置等方面具有一定的差异，不同学科学生的培养方式相差较大。从理论和经验上来看，不同学科的培养成本应当是不同的。运用教育成本函数法可以将高校的教学产出结合不同学科和教学层次进行划分，计量不同学科各层次学生培养成本。由于分学科成本函数的计量比较复杂，本书未能实现分学科计量生均培养成本，是第一个不足之处。

成本计量选用教育成本函数法，教育成本函数法在成本函数形式选取、变量选取上受研究者主观影响较大。实践中如果能将成本函数法与其他方法结合，选择某高校运用作业成本法核算生均培养成本，这样两种方法的结果互相印证，也可以修正 X 省属本科院校教育成本函数的估计系数，所得成本信息准确性会有很大提高。本书中没有实现这点，是第二个不足之处。

第二节　基于会计调整法的生均实际成本与生均标准成本测算

本书通过"高等学校学生培养成本调查表"获取 X 省属高校 2008~2010 年财务收支、固定资产及学生统计等数据，选取有代表性的五所高校作为研究样本，使用会计调整法测算样本高校的生均实际成本（见图4-1）。结合教育部《普通高等学校基本办学条件指标》《普通高校本科教学工作水平评估方案》测算这五所样本高校的标准生均成本并进行比对，反映X省属高校的生均拨款和经费投入的充足性。

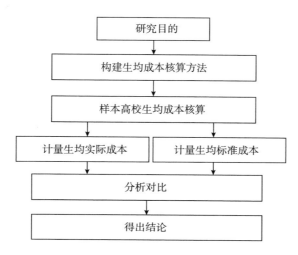

图4-1　会计调整法的研究思路

一、会计调整法

会计调整法是利用高校现存的教育经费收支的会计记录，经过适当调整，将教育经费支出数据转换成教育成本数据，以此来计量学校教育成本。由于一个地区、一个国家的教育经费数据更多的是统计结果而不是会计记录，因此在宏观层面上，不能直接利用会计调整法得到成本数据，会计调整法适用于估算学校成本。实现成本转换调整的基础是会计核算的成本计量原则。只要遵循成本计量原则，转换计算得到的教育成本数据的准确性就可以得到保证。

学生培养成本要素是构成学生培养成本的费用类别。我国高校会计制度在计量学生培养成本时只粗略设置了可供高校参考的学生培养成本会计科目，并未设置具体项目，导致各高校计量要素不统一。《高等学校教育培养成本监审办法（试行）》条例第三条中规定高校培养成本核算应保证公正性、科学性和合理性。具体核算原则是：①权责发生制原则。凡是本期成本应负担的费用，不论款项是否支付，均应计入本期成本。凡是不属于本期成本应负担的费用，即使款项已经支付，也不能计入本期成本。②相关性原则。凡与高校教育无关的收支活动，一律不能计入教育成本。③分类核算原则。高校教育培养成本按学校性质分类核算，并逐步过渡到按专业分类进行核算。

结合实际，高校培养成本计量时还应考虑以下原则：①客观性原则。客观性原则是保证成本计量要素信息真实、数字准确、资料可靠的前提，也是成本计量要素确定工作最基本的要求。客观性原则主要包括以下三方面：一是成本计量要素应当真实反映高校各项活动的成本状况，保证成本计量的真实性；二是成本计量要素应具有可检验性，保证成本计量信息能够反复验证；三是成本计量要素必须以实际业务和证明经济业务发生的合法凭证为依据。②配比性原则。高校培养成本计量要素应与高校会计核算制度下支出科目尽可能保持一致，有可比性，使培养成本内容反映会计核算实践，便于操作；使成本要素的设置便于成本计量时费用的归集和分配，满足管理所需要的经济信息，提供便于培养成本分析、控制和评价的资料数据。③完全成本原则。高校的组织结构和企业一样，也有生产组织机构和管理组织机构。因此，高校成本要素应该和企业一样，包括生产产品（通过教学来培养人才）而耗费的直接材料、直接人工费用以及学校行政管理部门为组织和管理教学活动发生的管理费用。因此，高校学生培养成本要素与企业在成本结构上是一致的，要素的内容涵盖全面，所有应计入培养成本的费用支出都能在要素中得到反映，应该以完全成本的原则来考虑确定。④学科分类原则。高校培养的学生存在着学科专业差异，不同学科学生的培养耗费的物化劳动和活劳动存在着明显差异。因此，不同专业和学科的学生培养成本也不尽相同。在高校内部按照不同学科或专业进行成本分割，科学核算不同学科或专业的生均培养成本，有利于体现不同专业的真实培养成本差异，从而实现教育资源的优化配置。

二、基本思路及计算步骤

本书以现有高校的财务信息为基础，使用 2008~2010 年 3 年的平均数据。选取 5 所有代表性的 X 省属高校，分别计算教育标准成本和教育实际成本，并进行比较，以此来分析 X 省属高校经费投入的充足性。

教育成本计量的内容必须是学生在接受教育服务中所发生的各种耗费与培养学生有关的支出，与教学无关的内容如校办企业支出、上缴上级支出、固定资产盘亏毁损和清理等净损失、自然灾害造成的各种资产损失以及各项赔偿金、违约金、滞纳金和罚款都不能计入学生培养成本。

（一）生均实际成本计算方法

以学校实际办学支出为依据，按照权责发生制进行调整，核定高校的实际生均培养支出。基本假设如下：第一，各年级培养成本均等。第二，不同专业培养成本相同。第三，学生人数可以折算。第四，教育资源的耗费都是必要耗费，没有浪费和不合理支出。

1. 折算当量学生人数

当量学生人数，即将不同教育层次的学生折算成同一成本计量标准的人数。由于不同教育层次教育成本的差异，这种换算是必要的。折合方法为：本科生＝1，专科生＝1，硕士生＝1.5，博士生＝2，留学生数＝3，预科生、进修生、成人脱产班学生、夜大（业余）学生＝0.3，函授生＝0.1。[①] 计算公式如下：

$$D_R = A_R + 1.5 \times Q_1 + 2 \times Q_2 + 3 \times Q_3 + 0.3 \times Q_4 + 0.1 \times Q_5$$

式中，D_R 表示当量学生数，A_R 表示本（专）科人数，Q_1、Q_2、Q_3、Q_4、Q_5 分别表示硕士生、博士生、留学生、成教生和函授生等。

2. 生均实际人员经费支出

教育是高智力的脑力活动，教育机构也是劳动密集型行业，人员支出是教育经费支出的最重要内容（一般占到总支出的60%左右）。高校人员经费主要包含以下三部分：在职教职工人员经费、离退休人员支出和奖助学金支出。在职教职工人员经费支出主要包括在职教职工的各类工资、奖金、津贴补贴、福利费与社会保障费等。这些成本信息可以从高校财务决报表的支出明细表中得到。在职教职工人员经费支出与提供教育服务直接相关，可以直接分配计入教育成本。按照现行《高等学校会计制度》的规定，离退休人员保障性支出属于高校事业支出的一部分，主要用来核算高等学校在离退休人员社会保障和福利待遇方面的各类费用开支。理论上，根据配比原则，实际离退休人员支出应是社会性支出，不能直接列入高等教育成本，而应对现有在职人员预提养老保险。[②] 此类支出成为学校对个人和家庭补助的一部分。由此，得出生均实际人员经费支出成本公式：

$$B_1 = (L_1 + L_2 + J_1)/D_R$$

式中，B_1 表示生均实际人员经费成本，L_1 表示年在职职工经费支出，L_2 表示离退休人员支出，J_1 表示实际奖助学金成本，D_R 表示当量学生数。

---

① 参见《普通高等学校基本办学条件指标》的办学指标测算办法。

② 伍海泉. 高等教育成本计量中几个特殊问题的探讨［J］. 教育与经济，2004（1）：43-45.

3. 生均实际公用经费支出

公用经费是高等学校用于购买商品和劳务的支出，主要包括高校的公务费和业务费。计算公式如下：

$$B_2 = G_2 / D_R$$

式中，B_2 表示生均实际公务费和业务费，G_2 表示年实际公务费和业务费，D_R 表示当量学生数。

4. 生均实际固定资产折旧费用

根据高校财务决算表资产所列项目，可对下列固定资产项目折旧计量。

（1）生均实际房屋建筑物折旧费。

$$Z_1 = M_1 / N_1 / D_R$$

式中，Z_1 表示实际生均房屋建筑物折旧成本，M_1 表示房屋建筑物账面价值，N_1 表示房屋建筑物折旧年限，D_R 表示当量学生数。

（2）生均设备折旧费。

$$Z_2 = M_2 / N_2 / D_R$$

式中，Z_2 表示生均实际设备折旧成本，M_2 表示设备账面价值，N_2 表示设备折旧年限，D_R 表示当量学生数。

（3）生均实际交通设备折旧费。

$$Z_3 = M_3 / N_3 / D_R$$

式中，Z_3 表示生均实际交通设备折旧成本，M_3 表示交通设备账面价值，N_3 表示汽车折旧年限，D_R 表示当量学生数。

（4）其他固定资产折旧费。

$$Z_4 = M_4 / N_4 / D_R$$

式中，Z_4 表示实际生均其他固定资产折旧成本，M_4 表示其他固定资产账面价值，N_4 表示其他固定资产折旧年限，D_R 表示当量学生数。

5. 实际生均总成本

实际生均成本＝（生均实际人员经费支出＋生均实际公用经费支出＋生均实际固定资产折旧费用），具体公式如下：

$$C_S = B_1 + B_2 + Z_1 + Z_2 + Z_3 + Z_4$$

（二）生均标准成本计算方法

本书以高校财务信息为基础，以现行高校设置条件与高等教育本科教学水平评价指标体系为依据，测算在一定的物价水平和教育政策目标要求下培养一个标准当量学生的必要支出，即生均标准成本。计算生均标准成本时，以《普通高等学校基本办学条件指标》和《普通高校本科教学工作水平评估方案》为依据，因为这两个文件反映了国家对普通高等学校本科教育教学的基本质量要求。

1. 折算当量学生人数及其折算

当量学生人数的计算方法与前文提到的折算方法相同。

2. 标准生均人员经费支出

包含专任教师成本、行政、后勤人员成本、教辅人员成本、专任教师成本、社会保障费成本和奖助学金成本。

（1）生均专任教师成本。专任教师成本主要取决于以下两个因素：一是标准教师人数与标准生师比；二是单位教师年人均工资标准。"标准生师比"可以根据《普通高校本科教学工作水平评估方案》"基本办学条件指标"中的规定，如一般院系生师比是18：1，医学院校生师比是16：1，体育、艺术院校生师比是11：1。由于国家没有对高校制定统一的工资标准，各地区和各学校之间的教师工资和津贴差距较大，单位教师年人均工资的计算难度较大。本书计算时采用历史数据，即2008～2010年3年的财务决算数的人员工资。计算公式如下：

$$W_1 = S_1 / m$$

式中，W_1表示生均专任教师成本；S_1表示专任教师年人均工资标准；m表示标准生师比。

（2）生均管理和教辅人员成本。生均管理和教辅人员成本以生均专任教师成本为基础，取决于管理和教辅人员编制占教师编制的比重以及管理和教辅人员工资标准占专任教师工资标准的比例。公式如下：

$$W_2 = W_1 \times a_1 \times b_1$$

式中，W_2表示生均管理和教辅人员成本，W_1表示生均专任教师成本。a_1表示管理和教辅人员占专任教师的比例，b_1表示管理和教辅人员工资标准与专任教师工资标准的比例。根据X省高校人员编制的有关规定，本科学校的人员编制结构比例为：教学人员编制不低于基本编制总数的60%，教学辅助人员编制不超过基本编制总数的20%（其中后勤人员编制不超过基本编制总数的10%），党政管理人员编制不超过基本编制总数的20%。[①] 管理和教辅人员占专任教师的标准比例为66.67%，即a的数值应取66.67%，b的数值取80%。

---

① 参见《X省高等学校机构编制标准（试行）》。

（3）社会保障成本。用 W_3 表示，社会保障费包括两个部分：一部分是高校在职教职工的社会保障支出，这类支出可以按现行标准计量；另一部分是离退休人员经费支出，根据配比的原则，这类支出不能直接计入当期成本，有两种方法①。

方法一：按历史经验数据或地区统一标准计量。计算公式如下：

$$W_{31} = (W_1 + W_2) \times (a_2 + b_2)$$

式中，W_{31} 表示生均社会保险费；a_2 表示公积金等综合费率（根据国家政策，住房公积金为职工收入的 10%）；b_2 表示历史经验或地区统一的离退休费用占在职职工工资比率。

方法二：实行社会保障社会化的方法，按上缴一定的社会保险费率确定离退休人员的经费。计算公式如下：

$$W_{32} = (W_1 + W_2) \times (a_3 + b_3)$$

式中，W_{32} 表示生均社会保险费；a_3 表示公积金等综合费率；b_3 表示国家规定的应上缴的社会保险费率（全国各地区需要缴纳的五险分别是：养老保险、医疗保险、失业保险、生育保险、工伤保险，缴纳比例一般占在职职工工资的 30% ~ 37%）。

（4）生均奖助学金成本。根据学生学费标准提取奖助学金，计提标准一般为 20%。计算公式如下：

$$W_4 = F_x \times a_4$$

式中，W_4 表示生均奖助学金成本，F_x 表示学费标准，a_4 表示奖助学金占学费的比重。

以上汇总得到标准生均人员经费支出的计算公式为：$W = W_1 + W_2 + W_3 + W_4$。

3. 标准生均公用经费支出

由于公务经费没有统一的标准，只能按历史经验数据计算，故以样本高校生均实际公务费的平均数来代替。计算公式如下：

$$X = P_t / D_R$$

式中，X 表示生均公用经费支出，P_t 表示样本高校总的公务费支出，D_R 表示当量学生数。

4. 标准生均土地成本

按现行本科教学评估标准，生均占用土地面积为 0.1 亩。根据 X 省土地市场

---

① 本书使用方法一进行测算。

价格，研究设定高校占用土地面积 50 万元/亩，摊销 50 年。计算公式如下：

$$R_t = (0.1 \times P_R)/n$$

式中，R_t 表示生均土地成本，P_R 表示土地使用价格，n 表示摊销年限。

5. 生均标准固定资产折旧成本

固定资产折旧的标准成本计量主要依据是《高等学校基本办学条件指标》。根据研究需要，选择 5 所省属本科高校作为样本进行研究。其中，2 所综合性院校、1 所农林类院校、1 所工科院校、1 所医科院校。这 5 所高校的基本办学条件指标如表 4-7 所示。

表 4-7　高等学校基本办学条件指标

院校类型	标准生师比	生均教学行政用房（平方米/生）	生均教学科研仪器设备值（元/生）	生均图书（册/生）
综合性	18：1	14	5000	100
农林	18：1	16	5000	80
工科	18：1	16	5000	80
医学	16：1	16	5000	80

（1）生均建筑物折旧成本。

生均标准建筑物折旧成本的计算公式：

$$G_f = (p_1 \times a_5)/n_1$$

式中，p_1 表示生均占用房屋建筑面积，a_5 表示单位平方米工程造价，n_1 表示房屋建筑折旧年限。

（2）生均教学设备折旧成本。

生均教学设备折旧成本的计算公式：

$$G_s = a_6/n_2$$

式中，a_6 表示生均占有设备值，n_2 表示设备折旧年限。

（3）生均图书折旧成本。

生均图书折旧成本的计算公式：

$$G_t = p_2 \times a_7/n_3$$

式中，p_2 表示生均图书册数，a_7 表示单位图书平均购价，n_3 表示图书折旧年限。

（4）生均运动场地折旧成本。

生均运动场地折旧成本的计算公式：

$$G_y = p_3 \times a_8 / n_4$$

式中，p_3 表示生均占用运动场面积，a_8 表示运动场地单位造价，n_4 表示运动场地折旧年限。

汇总以上公式，得到标准生均人员经费支出的计算公式如下：

$$G = G_f + G_s + G_t + G_y。$$

6. 生均标准成本

根据前面分析，标准生均成本汇总公式如下：

$$C_b = W + X + R_t + G。$$

（三）X 省属本科院校的财政收支状况描述

X 省属高校的教育经费收入来源主要包括财政拨款收入和事业收入。财政拨款收入包括基本支出经费和项目经费。其中，基本支出经费包括人员经费和公用经费，项目经费包括基建项目拨款和事业项目拨款。公式表示如下：

财政拨款收入 = 综合定额拨款 + 项目拨款

综合定额拨款 = 人员经费 + 公用经费

项目拨款 = 基建项目拨款 + 事业项目拨款

从支出来看，各高校自然年度的所有支出体现在决算表中有一个总支出，这里称为决算支出，也就是一个单位所有基本支出和项目支出的总和。从使用功能分类，决算支出包括行政事业支出和基建支出。行政事业支出是指学校开展日常业务活动及其辅助活动所发生的支出，也叫教育事业费支出、教育经常费支出。行政事业支出包括基本支出和事业项目支出，其中基本支出包括人员支出和公用支出。①人员经费支出，指为了开展专业活动的需要，用于个人方面的开支。如基本工资、补助工资、其他工资、职工福利费、社会保障费和助学金。②公用经费支出，指为了完成事业活动，用于公共服务方面的开支。包括公务费、业务费、设备购置费、修缮和其他费用。公式表示如下：

决算支出 = 行政事业支出 + 基建项目支出

行政事业支出 = 基本支出 + 事业项目支出

基本支出 = 人员支出 + 公用支出

项目支出 = 事业项目支出 + 基建项目支出

为了准确描述 X 省属本科高校的财政收支状况，本书使用集中趋势和离散趋势进行分析。以算数平均数来衡量 X 省属本科院校的集中趋势，以全距、标准差和差异系数来衡量离散趋势。全距、标准差和差异系数的数值越大，代表数据的离散程度越大。全距是最简单的测度离中趋势（分散程度）的指标，也称极差，是一组数据最大值与最小值之差，用 R 表示。计算公式如下：

$$R = X_{\max} - X_{\min}$$

差异系数是一组数据标准差与其均值的比，也称为变异系数，是测度数据离散程度的相对指标，用 CV 表示。计算公式如下：

$$CV = \frac{\sqrt{\dfrac{\sum (X_i - \bar{X})^2}{n-1}}}{\bar{X}}$$

三、计算结果及讨论

从表 4-8 我们可以看出，2008～2010 年 X 省 12 所本科院校财政拨款收入的平均值分别为 11385.90 万元、13190.60 万元和 16839.30 万元，呈现出逐年递增的趋势。从离散趋势上看，财政拨款收入的全距从 2008 年的 18858.30 万元增加到 2010 年的 22686.20 万元，标准差从 2008 年的 6405.90 万元增加到 2010 年的 8679.70 万元，绝对差异呈现出逐年上升的趋势，说明 X 省属本科院校之间的财政拨款收入的绝对差异在逐年加大。不仅如此，从图 4-2 中我们可以看出，除综合定额拨款外，项目拨款、基建项目拨款、事业项目拨款的标准差都呈现出逐年增加的趋势。由于基建项目拨款收入具有很强的不确定性，所以，引起 X 省属本科院校的财政拨款收入差距逐年扩大的主要因素是事业项目拨款差异。也就是说，各高校之间的事业项目拨款差异逐年上升是造成 X 省属本科院校拨款收入差异扩大的主要原因。

表 4-8　2008～2010 年 12 所省属本科院校财政拨款收入的描述统计

单位：万元

收入类型		最小值	最大值	全距	平均数	标准差	差异系数
财政拨款收入	2008 年	46782066	235365426	188583360	113859281	64059312	0.5626
	2009 年	51773311	259255105	207481794	131906460	72425389	0.5491
	2010 年	82461115	309322740	226861625	168393505	86796470	0.5154
项目拨款	2008 年	9291800	65546657	56254857	29152270	17090484	0.5862
	2009 年	12843000	77864101	65021101	42943175	24502982	0.5706
	2010 年	32683200	136953400	104270200	74412890	35021258	0.4706

续表

收入类型		最小值	最大值	全距	平均数	标准差	差异系数
基建项目拨款	2008 年	0	5000000	5000000	916667	1781640	1.9436
	2009 年	0	30000000	30000000	7541667	9656506	1.2804
	2010 年	0	30000000	297213458	8333333	9920899	1.1905
事业项目拨款	2008 年	9291800	61546657	52254857	28235603	16389104	0.5804
	2009 年	12843000	67864101	55021101	35401508	19745027	0.5577
	2010 年	32683200	107029639	74346439	66079557	28845230	0.4365
综合定额拨款	2008 年	30958590	204365426	173406836	84707011	52512180	0.6199
	2009 年	34132151	181391004	147258853	88963285	50788959	0.5709
	2010 年	35597715	185902060	150304345	93980615	53540261	0.5697

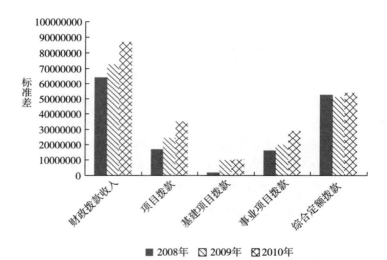

■ 2008年　◻ 2009年　⊠ 2010年

图 4-2　2008~2010 年省属本科院校各类财政拨款收入的标准差

表 4-9 显示，2008~2010 年 X 省 12 所本科院校决算支出的平均值分别为 17429.20 万元、19676.30 万元和 22202.30 万元。这与财政拨款收入的发展趋势相同，决算支出也呈现出逐年递增的趋势。从财政拨款收入占决算支出的比例来看，2008~2010 年 12 所高校的财政拨款收入平均值占决算支出平均值的比例分别为 65.33%、67.04%、75.85%。可以看出，财政拨款所占的比重呈现出逐年增加的趋势。这一趋势在 2010 年尤为明显，2010 年的财政拨款比例比 2009 年提

高了 8.84 个百分点，这体现出 X 省对省属本科高校的财政拨款力度逐年加大。从离散趋势分析，12 所高校决算支出的全距从 2008 年的 26689.70 万元增加到 2010 年的 32938.80 万元，标准差从 2008 年的 9436.00 万元增加到 2010 年的 12711.00 万元，差异系数从 2008 年的 0.54 提高到 2010 年的 0.57，绝对离散程度和相对离散程度都呈现出逐年上升的趋势。图 4-3 显示，基本支出和基建项目支出差异在时序变化上波动不明显，事业项目支出差异在时序上呈现出逐年上升趋势。

表 4-9 2008~2010 年 12 所省属本科院校财务支出的描述统计 单位：元

支出类型		最小值	最大值	全距	平均数	标准差	差异系数
决算支出	2008 年	65530359	332427758	266897398	174292149	94359486	0.5414
	2009 年	75785656	390861365	315075709	196762839	106426056	0.5409
	2010 年	103928756	433316659	329387903	222023116	127109574	0.5725
行政事业支出	2008 年	65530359	332427758	266897398	172250482	94350893	0.5478
	2009 年	75785656	380861365	305075709	188254255	104590433	0.5556
	2010 年	103928756	428316659	324387903	214356450	120459363	0.5620
基建项目支出	2008 年	0	13500000	13500000	2041667	4013944	1.9660
	2009 年	0	30000000	30000000	8508583	9632047	1.1320
	2010 年	0	30000000	30000000	7666667	10209918	1.3317
项目支出	2008 年	9291800	62037830	52746030	33560298	15129511	0.4508
	2009 年	16704071	94129480	77425410	46842125	25176612	0.5375
	2010 年	30694614	186013932	155319318	71697341	49612898	0.6920
事业项目支出	2008 年	9291800	58037830	48746030	31518631	15306832	0.4856
	2009 年	16704071	93629480	76925410	38333541	23477181	0.6124
	2010 年	30694614	165013932	134319318	64030675	41934737	0.6549
基本支出	2008 年	50054650	285898856	235844206	140731851	83963986	0.5966
	2009 年	59081585	313602548	254520962	149920714	83714808	0.5584
	2010 年	67090365	336584274	269493910	150325775	86363237	0.5745
公用支出	2008 年	14419257	98715051	84295794	50861670	29009742	0.5704
	2009 年	20902329	107210759	86308430	57305347	28351411	0.4947
	2010 年	20622626	151427425	130804799	55244030	35843408	0.6488

续表

支出类型		最小值	最大值	全距	平均数	标准差	差异系数
人员 支出	2008 年	24518755	192789810	168271055	89870181	56296918	0.6264
	2009 年	38179256	206391789	168212533	92615367	57735155	0.6234
	2010 年	42169238	185750614	143581376	95081745	53766803	0.5655

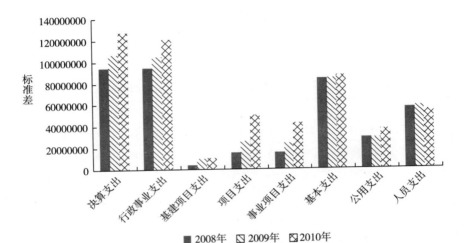

图 4-3　2008~2010 年省属本科院校各类支出的标准差

通过对 X 省 12 所省属本科院校的财政收入和经费支出的总量分析，我们可以看出，在学校层面上，无论是财政拨款收入还是经费支出都存在着明显的差异。不仅如此，学校间的收支差异在时序上还呈现出逐年提高的趋势。具体而言，财政拨款收入的绝对差异在时序上是逐年上升的，相对差异则出现了下降的趋势。而决算支出的绝对差异和相对差异都呈现出了逐年提高的趋势。事业项目拨款和事业项目支出差异在时序上提高明显，这是造成 X 省属本科高校财务收支差异逐年加大的主要原因。2008~2010 年财政拨款收入占决算支出的比重逐年提高，尤其在 2010 年提高明显，说明政府对 X 省属高校的投入在逐年加大。

从生均基本支出和生均事业支出分析可以看出，12 所院校 3 年的合计基本支出总额为 52.9 亿元，事业项目总支出 16.07 亿元，3 年合计数的生均基本支出和生均事业支出差异明显（见表 4-10）。从 2008~2010 年各学校各年份分析，可以得出同样的结论。以 2010 年为例，12 所省属本科院校生均基本支出最高的为 14255 元，最低的为 7048 元，二者相差 7207 元，最高的学校比最低的学校高 1 倍还多。生均事业支出的差异同样存在，2010 年最高的学校为 18140 元，最低的学校为 9829 元，二者相差 8311 元（见表 4-11）。

表 4-10　12 所省属本科院校 2008~2010 年生均基本支出和事业支出（合计数）

院校名称	基本支出（元）	事业项目支出（元）	折合学生数（人）	生均基本支出（元）	生均事业支出（元）
BK1	936085677.67	191212709.77	67220.5	13926.00	16770.00
BK2	720340997.11	309354643.29	77999.5	9235.00	13201.00
BK3	827299193.22	234430760.00	79992	10342.00	13273.00
BK4	459129119.62	145781196.11	55746	8236.00	10851.00
BK5	277693956.84	64837760.00	30719	9040.00	11150.00
BK6	441104983.01	114428360.00	45509.5	9693.00	12207.00
BK7	398753102.14	88475254.60	42637	9352.00	11427.00
BK8	182370376.73	62874394.22	19078	9559.00	12855.00
BK9	319241781.18	95030700.00	40643	7855.00	10193.00
BK10	278821159.26	74228720.00	34768	8019.00	10154.00
BK11	249714160.37	109541307.45	33013	7564.00	10882.00
BK12	201185570.42	116398360.43	23346	8618.00	13603.00
12 所院校合计	5291740077.57	1606594165.87	550671.50	9610.00	12527.00

表 4-11　2008~2010 年 12 所省属本科院校生均基本支出和事业支出

院校名称	生均基本支出（元）				生均事业支出（元）			
	2008 年	2009 年	2010 年	合计数	2008 年	2009 年	2010 年	合计数
BK1	13472	14009	14255	13926	14990	17013	18140	16770
BK2	10246	9114	8503	9235	12411	12631	14406	13201
BK3	12024	10189	9137	10342	14204	12285	13454	13273
BK4	8929	8272	7610	8236	12346	10583	9829	10851
BK5	8502	9356	9228	9040	9451	11115	12758	11150
BK6	10646	9718	8958	9693	13349	11898	11625	12207
BK7	8488	9631	9943	9352	10097	11856	12337	11427
BK8	8223	9753	10562	9559	10766	12511	14989	12855
BK9	8660	7865	7048	7855	10532	9647	10419	10193
BK10	7973	7987	8094	8019	9390	9489	11502	10154
BK11	7592	7739	7363	7564	10450	10358	11815	10882
BK12	7295	10086	8296	8618	11845	13489	15261	13603
12 所院校合计	9909	9697	9264	9610	12129	12177	13210	12527

表4-12列出了各高校生均基本支出和生均事业支出描述统计结果，可以看出，生均基本支出最高学校和最低学校的差距3年来一直维持在6000~7500元。生均事业支出的差距相对较大，差距维持在5500~8500元。从时序来看，各高校之间生均事业支出差距呈现出明显扩大的趋势（见图4-4），标准差从2008年的1846.20元提高到2010年的2343.28元。

表4-12 2008~2010年12所省属本科院校生均支出的描述统计　　单位：元

支出类型		最小值	最大值	全距	平均数	标准差
生均基本支出	2008年	7295	13472	6177	9338	1888.17
	2009年	7739	14009	6270	9477	1679.08
	2010年	7048	14255	7207	9083	1928.72
	合计数	7564	13926	6362	9287	1681.98
生均事业支出	2008年	9390	14990	5600	11653	1846.20
	2009年	9489	17013	7524	11906	2030.28
	2010年	9829	18140	8311	13045	2343.28
	合计数	10154	16770	6616	12214	1880.63

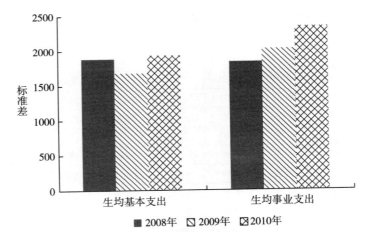

图4-4 2008~2010年12所省属本科院校生均支出的标准差

本书选择5所省属本科高校作为样本进行研究，基于会计调整法，测算出X省属高校的实际生均成本为21419元。从学校类型来看，综合性和师范院校的生均实际成本最低，为20656元，工科院校的生均实际成本最高，为22211元。不同类型高校间的生均实际成本差距不大。依据《普通高等学校基本办学条件指标》和《普通高校本科教学工作水平评估方案》，对综合/师范、农林、工科、医学四种类型的高校生均标准成本进行了测算，得到生均标准成本为 33498.94元。X 省属高校的生均实际成本明显低于生均标准成本，生均实际成本比生均标准成本低 12080.10 元，具体内容如表 4-13 所示。

表 4-13　样本学校实际生均成本与生均标准成本比较　　　　单位：元

院校类型	样本学校	实际生均成本	标准生均成本	差距（实际-标准）
综合性/师范	2 所	20656.45	30746.63	-10090.20
农林	1 所	21449.52	33841.85	-12392.30
工科	1 所	22210.88	33841.85	-11631.00
医学	1 所	21358.70	35565.44	-14206.70
合计	5 所	21418.89	33498.94	-12080.10

图 4-5 显示，各类型高校生均实际成本与生均标准成本之间存在差异，生均实际成本低于生均标准成本。生均标准成本是根据政府制定的本科教学评估与办学条件标准算出的，反映的是国家对高校办学条件和办学质量的基本要求。而样本高校的生均实际成本总体低于生均标准成本，反映出 X 省高校教育经费投入不足，基本办学条件较差和基础设施水平较低，没有达到国家要求的投入标准，高校低成本运作，不利于教育质量的提升。

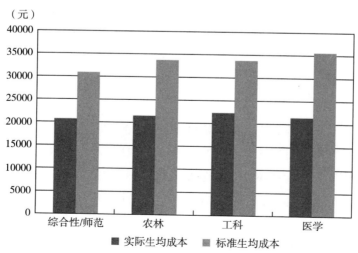

图 4-5　X 省分类型省属高校实际生均成本与生均标准成本比较

第五章　X省属本科高校生均综合定额拨款实证分析

第一节　测算过程

本部分依照相关部门的预算改革制度并且适应X省相关高等学校改革和发展的要求，客观估算X省属高校的平均支出水平，科学合理地制定分学科的生均综合定额标准。本书力图改革以往的生均综合定额式拨款方式，从学科、实际物价、绩效等多考量因素上着手，制定新的拨款方式，试图减少项目拨款比例、适当缩减管理费用。通过生均定额的科学合理测算，可以改变以往生均综合定额标准的确定依据不足的现状，而基于不同学科成本准确测算的拨款模式可以有效地促进教育公平，有利于提高公共部门资金使用效率。

一、内涵式发展对地方高等教育财政拨款提出的新诉求

对于高校而言，经费是学校生存和持续发展的重要支撑力量。如果办学经费缺乏，高校将很难顺利开展正常的教学活动和科研活动。如果经费短缺问题进一步恶化，高校内优秀人才将会往外流动，这将不可避免地对学校办学质量产生严重负面影响，在这种情况下，学校将面临现实的生存挑战，必将无暇顾及长远发展问题。我国研究型大学的教育经费大部分由中央政府划拨，学术型大学的资金支持主要来自两级政府，基本上能实现自负盈亏。反观地方高校，其财务状况经常是捉襟见肘。国家教育行政学院的王保华教授曾针对地方院校的财政拨款进行

调研，结果显示，地方政府拨款能够完全到位的高校仅占总数的7%，58%的高校政府拨款基本到位，而27%的高校政府拨款难以到位，还有7%的高校政府拨款不能到位。在现行拨款模式下，地方高校要想获得更多的办学资金，只能靠"升级"来实现。只有获得升级，才能得到更多的资金来源，并提高资金的落实率。显而易见，资金问题严重影响了地方高等院校尤其是地方本科院校办学定位。

高等教育要实现内涵式的发展，需要对结构进行调整，对内部潜力进行深度挖掘，对办学效率进行提高，通过提高办学质量和效益来完成预期目标。高等教育实现内涵式发展，必然要求高等教育的投入机制和分配机制进行改革。

（一）增加相应的高等教育经费投入

高等教育的内涵式发展对高等教育经费需求的增加是必然的。根据教育法的规定，中国教育经费占GDP的总占比已经达到了规定，但是与其他国家相比，中国对教育的投入在世界上还是比较低的，因此增加教育经费的投入是有必要的。

（二）高等教育经费拨款效率和效益需提高

高等教育的内涵式发展必然对高等教育拨款的效率提高有要求，这一过程需要充分发挥教育经费分配的政策引领作用，以竞争拨款的方式，促进高等教育资源的有效配置和使用；保证教育资源分配的公正性、透明性，坚决杜绝腐败现象，真正实现教育公平；同时也要将教育经费拨款与高等教育的质量评估直接关联，使用绩效评估方法对高等教育经费支出效益和产出质量进行衡量，从而确定未来预期拨款的方向、数额、形式方法等，将有限的教育资源落到实处。

（三）高等教育经费拨款结构的优化

高等教育的内涵式发展就要求高等教育结构进行优化，要鼓励高校的特色发展，减少外延的不必要经费花费。同时教育拨款要灵活变化，随着内涵式发展的内容发生的改变，教育拨款也要随之进行适当的调整。除此之外，要对教育拨款进行分类，进一步细化教育经费拨款，从而产生利于经费使用效益的评价。

二、X省属高校生均综合定额拨款模式实证分析

参照世界上一些发达国家的高等教育拨款方式，普遍采用的是公式拨款。基本的拨款公式分为以下两种：第一种是生均定额法，此方法的定额部分依据学科划分，学科不同，各学科学生的培养成本也有差异；具体额度的核算还会考虑物价、学校自身特征以及学生个人因素。西欧大部分国家都采取生均定额的拨款方法。第二种是成本结构法，该方法依照高校教育教学活动中不同职能，考虑不同类型活动的成本，直接反映高校教育教学的成本。拨款公式所涉及的经费都属于经常性费用。美国的大部分高校都是依据此公式进行预算估计。成本结构的项目一般包括教学活动、科研活动、公共服务（技术推广、继续教育等）、学术支持（博物馆、图书馆、电脑中心等）、学生服务（学生注册、学生种族组织、学生心理辅导、课外活动、学生资助等各项服务）、学校相关业务支持（包括财务、教务等）、校园的基本维护、奖学金助学金、附属相关企业、医院以及独立运行的一些特殊项目等。每类项目支出水平（运行成本）的影响因素有差异，高等学校的预算编制与资金的分配是根据对不同项目影响因素水平的合理测算做出的。尽管拨款决定方式存在不同，但公平与透明是生均学科定额法和成本结构法的共同点。

三、测算过程描述

生均学科定额法和成本结构法是高校预算编制和财政拨款常用的两种方法。两种方法都有长处也各有弊端，实际当中选择哪种方法要依据实际情况做出选择。成本结构法依据的是高等学校的教育活动的功能划分成本。成本结构法首先对高校的教育活动进行内容划分，不同的活动又受制于构成要素，再经过合理的测算，考虑构成要素的影响，以此作为编制预算的根本，与高等学校的实际教育情况比较相符。但是成本构成法对于实际数据的准确性要求比较高，并且需要相关的财政部门配合。比如，需要详细记载高校各类活动的支出，要求会计科目要详尽且规范，唯有如此才能准确估算各种要素对于支出标准的不同影响。但是现实情况却是现有数据和财务部门无法做到标准所制定的要求，所以对于实行此方式测算的预算结果会有一定的出入，而实际操作过程比较烦琐，可能会引发不必要的混乱。与之相对照，生均学科定额法的实际操作比较容易上手，具体的操作过程与以往的生均综合定额法有一定的类似之处，可以看作对后者的一些改进，从数据获得和准确性上来说要优于成本构成法，所需的数据包括不同学科的支出数据。实际上，高校的组织结构划分一般是按照院系等教学单位、行政管理部门以及教学辅助部门来划分的，而不同院系所下属的学科专业同学生均成本类似，所以生均学科定额法相对来说比较容易操作，也更符合实际情况的需求。

综上所述，生均学科定额法相对来说可以作为过渡方法，适用于 X 省高校预算编制与拨款方式的改革。新的预算编制方法与拨款公式建立在以下基本原则基础上：①学科分类原则。不同学科的学生培养成本不同，所有高校的相同学科的学生培养成本应相同。②综合预算原则。统筹预算内外资金、合理安排学科生均综合定额。③规范化原则。对高校财力通盘考虑，对高校的收入和支出水平以及办学能力进行衡量，对定额标准进行规范统一。④公平性原则。对于不同学校，相同学科的基本支出财政拨款上应相同。

按照一般预算支出科目的分类，人员经费和公用经费组成了高校的基本支出，因此需要对生均人员定额和生均公用定额进行分别核算。对于人员经费，其主要决定指标是不同层次的学生数量，对于公用经费，其主要决定指标是不同层次不同学科的学生数。不同的生均定额所采用的标准也各不相同，对于生均人员的定额，不同的学校也应采取统一的标准，对于生均公用经费定额，实行不同学科统一标准。当对来年预算进行编制时，对其他会引起定额增长的因素通盘进行考虑，如通货膨胀因素、社会工资增长因素以及其他财政性因素。财政政策的确定依据的是学费（含住宿费）与生均学科综合定额的比例。根据不同层次在校生数以及生均人员定额，各学科不同层次在校生数以及学科公用定额，有了这些数据，学校的基本支出预算就可以编制出来了，再根据财政负担比例就可以确定财政部门的拨款额度了。除此之外，高校学生的构成也是多样的，还包括留学生、成教生以及其他类型的学生，发生在这些学生身上的教育费用归入了基本支出中的其他经费，各高校根据自身的真实情况做出具体数额的确定。

这样高校的基本支出就由本学校各类"学科生均综合定额经费"和"其他经费"组成。表5-1概括了根据生均学科综合定额法编制基本支出预算与拨款公式的基本思路。

表5-1　生均学科综合定额法的基本支出预算编制与拨款公式

项目	人员经费	公用经费
基本支出	生均人员经费定额×折合学生数	Σ（各学科生均公用经费定额×各学科折合学生数）
财政拨款	（生均人员经费定额×折合学生数）×财政比例	Σ（各学科生均公用经费定额×各学科折合学生数）×财政比例
其他经费	其他人员经费[①]	其他公用经费

---

① 其他人员经费指成人教育生、留学生及其他学生的经费支出。

如何测定学科生均综合定额是预算编制改革的关键问题。本着高等学校教育服务的宗旨，参照企业以盈利为目的，追逐利益最大化，以投入要素估算成本，很显然是无法做到的。唯一能够参照的方法就是依据高校往年的基本支出数据作为参考来合理地估算定额。

如何准确合理地估算不同学科的支出水平是生均学科综合定额测算的另一个关键问题。这涉及两个问题，第一，详尽划分基本支出。高校的经常性支出可以基本划分为两类：基本支出和项目支出。依照项目支出的性质，可以将其按经费来源较清楚地界定出，基本支出就是指那些维持高等学校日常教育教学活动正常运转的支出项目。第二，基本支出（公共支出）水平的不同学科的计算。根据不同性质的高校内部组织结构可大概分为教学部门、行政主管部门和教辅部门。其中管理和教辅部门是对各学科所有学生提供公共服务的部门。此两种部门的成本发生（基本支出）可视为提供给每个学生是平等的。教学部门主要是高校内部设置的各院（系），直接承担着各学科学生的教育教学任务。一般而言，院（系）的设置主要是按学科分类设立的。通过对各省属高校设置的院（系）含有的学科门类了解和分析发现，在一级学科上，一般情况下一个院（系）只有1~2个学科，那些具有两个及以上学科的院（系），这些学科之间的性质差异不大，主要是经济类与管理类一级学科常常同时包含于相同的院系中。反过来说，那些支出差异比较大的学科，并不在同一个院（系）中，如理科或工科的院（系）中就不会有文学、历史学、教育学或经济学等。这样就可以将院（系）的支出（公用支出）视同于某学科的教学支出，同时把行政部门与教学辅助部门的基本支出（公用支出）分摊至各学科学生，两者合计就可测算出各学科生均基本支出（公用支出）。

（1）生均人员经费。生均人员经费包括教职工工资、离退休人员经费和学生资助。人员经费中的离退休人员经费单独拨付，所以计算时将离退休人员经费扣除。2008~2010年各高校人员经费支出总额之和除以折合学生数之和为生均人员经费。

（2）学科生均公用经费。各学科每名学生的计算公式是：2008~2010年学校公共开支的加权平均，再除去不属于本专科生、研究生支出部分，包括成人教育学生和其他不承担本专科教学任务的部门的支出。

学科生均综合定额乘以财政比例构成了财政拨款生均定额。财政比例的确定要按照综合预算的管理要求，根据公平性原则，将院校区分为一般院校和特殊学校与有特殊专业的院校两类，以财政正常经费拨款和学校按照政策取得的预算外收入作为定额收入来源。一般院校学科综合定额财政负担比例的确定办法是：各学科生均综合定额之和减去生均学费（含住宿费）除以学科生均综合定额。重点院校和特色办学学校学科生均综合定额财政负担比例适当上浮。

第二节　生均综合定额拨款测算结果

高校基本支出经费拨款改革要点是：按照"人员经费基本持平、公用经费体现差异"的原则，细化综合定额拨款标准，完善高校基本支出拨款办法。具体做法为：第一，合理确定公用经费与人员经费的构成比例和基础标准。根据财力状况，结合测算的人员经费与公用经费占生均支出的比例，核定公用经费和人员经费基础标准。第二，按学科设置公用经费学科折算系数。即按照高等教育本科教学大类学科设定不同档次的学科折算系数，对不同专业确定不同的公用经费定额标准，体现不同专业办学成本的差异。第三，建立动态调整机制。根据高校发展需要，结合财力情况、物价变动水平、高校学生人数变化等因素，对公用经费和人员经费基础定额标准实行动态调整。

根据2008~2010年12所省属本科高校的财务支出历史数据，测算分学科生均综合定额标准。一般情况下，同一院系一般只有1~2个一级学科，即便是具有三个及以上学科的院系，这些学科之间的性质差异也不明显，如某高校的经济与社会管理学院存在法学、经济学、管理学三个学科，经济与社会管理学院存在法学、经济学、管理学三个学科，工程学院存在工学、理学、农学三个学科，人文学院则存在法学、教育学、文学、管理学四个学科。尽管同一学院有多个不同学科，但往往学科之间的支出差异不大。那些支出差异比较大的学科，一般不在同一个院系内。在一个院系存在多个不同学科时，按照学生人数比例确定该学院的学科门类，该年份学生人数比例最高的学科为该学院所代表的学科。

假定人员支出在不同学科之间不存在差异，公用经费支出在不同高校的相同学科之间没有差异，但在不同学科之间存在差异。本书根据"X省属高校学生培养成本调查表"的数据，将院系的公用支出视同于某学科的教学支出，同时把行政部门与教学辅助部门的公用支出分摊至各学科学生，两者合计就可测算出各学科生均公用支出定额。"X 省属高校学生培养成本调查表"将各高校 2008～2010年的公用经费在不同院校之间进行了分割。接下来，我们只需将不同高校的公用经费总支出按照 12 个学科门类进行归类，然后根据学生折合办法计算出 12 个学科门类的折合学生数。将每个学科门类的公用经费总支出除以相应的折合学生数，就可以得到 X 省属高校的分学科生均公用经费定额。将分学科的公用经费定额与生均人员定额相加，即为分学科生均综合定额。

一、分学科生均公用经费定额测算

按照《普通高等学校本科专业目录（2012 年）》的学科分类办法，考虑到"体育类"专业与其他学科在学生培养成本上有明显不同，这里将其单独列出。首先，按照"X 省属高校学生培养成本调查表"采集的数据，将各学科学生数进行折合，计算结果如表 5-2 所示。

为了避免数据因时序带来的波动，本书使用 2008～2009 年的合计数来计算省属高校公用经费生均综合定额。将不同高校相同学科 3 年的公用经费支出加总，除以相应学科 3 年折合学生数，即为该学科公用经费生均综合定额（见表 5-3）。从表 5-3 可以看出，不同学校的公用经费生均综合定额存在一定的差距。差距最大的是文学，最高值为 6093 元，最低的为 1033 元，相差 5060 元；差距最小的是经济学和历史学，分别相差 307 元和 319 元。需要指出的是，哲学学科只存在于个别学校，且哲学学科大多数与法学学科同在一个院系，由于学生人数相对较少，计算时没有作为一个单独的学科列出。对于哲学学科的生均公用经费定额，本书参照的是法学学科的标准。

在所有分类中，法学和哲学的生均公用经费定额标准最低，为 3206 元。艺术学最高，为 4766 元。以法学和哲学作为折算基础，将其学科折算系数确定为1，可以得到其他各学科的学科折算系数，计算结果如表 5-2 所示。将计算的学科折算系数取整数，得到取整后的学科折算系数，这个系数作为核定公用经费拨款公式的基础。

根据中央高校 2008 年拨款标准的学科折算系数（见表 5-4），医学和农学的拨款比例相对较高。为了体现财政投入的宏观政策导向作用和保证医学类和农学类高校的可持续发展，结合中央高校的拨款比例，本书对 X 省属高校学科定额进行了适当调整，将农学和医学分别调整为 1. 25 和 1. 30，如表 5-3 所示。

表5-2 X省12所省属本科院校分学科的折合学生数（3年合计数）

院校名称	哲学(01)	经济学(02)	法学(03)	教育学(04)	文学(05)	历史学(06)	理学(07)	工学(08)	农学(09)	医学(10)	管理学(12)	艺术学(3)	体育类(402)
BK1	79	2370	4784	6612.5	12395.5	1630	19242	4958	0	0	5590.5	7242.5	2316.5
BK2	0	435	1104	0	1980	73.5	2981	63220	0	0	6644	1481	81
BK3	0	1608	0	0	3772.5	0	6175	56051.5	0	0	10255	2130	0
BK4	0	0	0	0	5074	0	9338	13666	21769	0	5899	0	0
BK5	0	994	15758	0	5150	0	0	1984	0	0	6833	0	0
BK6	0	13888.5	2614	0	3584	0	2614	3671	0	0	14979	4159	0
BK7	0	1637	1763	4663	9534	1073	7978	7158	0	0	2282	2226	4323
BK8	0	852	0	0	0	0	0	0	0	17456	770	0	0
BK9	0	550	1949	3144	8818	1659	12865	3514	0	0	1790	3348	3006
BK10	0	0	2146	3802	6040	2026	4819	7082	2273	0	1723	3099	1758
BK11	0	0	3770	5275	4875	815	8399	3943	1693	0	0	2589	1654
BK12	0	0	1697	2536	8556	705	4779	1753	215	0	1176	785	1144

表5-3　X省属本科高校分学科的公用支出定额

学科分类	最大值（Max）	最小值（Min）	全距（R）	平均定额（Mean）	学科折算系数	取整后学科折算系数	调整后学科折算系数
哲学（01）	4978	1855	3123	3206	1.00	1.00	1.00
经济学（02）	3398	3705	307	3531	1.10	1.10	1.10
法学（03）	4978	1855	3123	3206	1.00	1.00	1.00
教育学（04）	5761	1920	3841	3629	1.13	1.15	1.15
文学（05）	6093	1033	5060	3660	1.14	1.15	1.15
历史学（06）	2558	2239	319	3467	1.08	1.10	1.10
理学（07）	5043	1389	3654	3865	1.21	1.20	1.20
工学（08）	4317	1930	2387	3804	1.19	1.20	1.20
农学（09）	3896	2100	1796	3775	1.18	1.20	1.25
医学（10）	3827	3827	0	3827	1.19	1.20	1.30
管理学（12）	5067	2190	2877	3514	1.10	1.10	1.10
艺术学（13）	5350	2221	3129	4766	1.49	1.50	1.50
体育类（402）	5071	1999	3072	3968	1.24	1.25	1.25

表5-4　2008年中央高校分学科综合定额拨款标准　　　　单位：元/生

学科类别	公用经费定额	公用经费学科折算系数	人员经费定额	生均综合定额
哲学	3000	1.00	4000	7000
经济学	3750	1.25	4000	7750
法学	3750	1.25	4000	7750
教育学	3750	1.25	4000	7750
其中：体育学	4500	1.50	4000	8500
文学	3000	1.00	4000	7000
其中：文艺类	6000	2.00	4000	10000
新闻传播类	4500	1.50	4000	8500
历史学	3000	1.00	4000	7000
其中：民族、考古学	4500	1.50	4000	8500
理学	3750	1.25	4000	7750

续表

学科类别	公用经费定额	公用经费学科折算系数	人员经费定额	生均综合定额
工学	3990	1.33	4000	7990
其中：地矿油类、海洋工程类	4500	1.50	4000	8500
农学	4500	1.50	4000	8500
医学	7500	2.50	4000	11500
管理学	3750	1.25	4000	7750

注：学科定额财政负担比例为100%。

二、生均人员经费定额测算

在现行的拨款制度中，人员经费的离退休经费单独划拨。政府的财力状况不同，每年高校离退休人员的经费拨款标准也不尽相同。表5-5为2008~2010年X省属高校离退休教师人均拨款标准。从表5-5我们可以看出，离休教师的经费标准相对较高，且无论是离休教师还是退休教师的人均拨款标准都呈现出逐年上升的趋势。

表5-5 2008~2010年X省属高校离退休教师人均拨款标准 单位：元

项目	2008年	2009年	2010年
离休	42576	46367	47688
退休	30960	31560	32604

测算生均人员经费定额时，我们不改变现有的离退休人员经费单独划拨的制度设计，即假定离退休教师人员支出与财政拨款大体相抵。因此，需要将离退休经费从学校人员经费支出中剔除。表5-6为X省12所省属本科院校的生均人员经费计算结果，各类指标为2008~2010年3年的合计数。可以看出，各高校的生均人员定额存在差异，最高值为7041元，最低值为3806元，二者相差3235元。12所省属本科高校2008~2010年的在职人员经费3年合计值为2789509783元，折合学生数3年合计为550671.5人，由此计算得到省属本科院校的生均人员定额标准为5066元。

表5-6　X省12所省属本科院校在职人员经费与生均人员定额（3年合计数）

院校名称	人员经费支出（元）	离休教师数	退休教师数	在职人员经费支出（除离退休）（元）	折合学生数	生均人员定额（元）
BK1	584338447.31	163	3268	473267905.31	67220.5	7041
BK2	453435555.51	80	2114	382746989.51	77999.5	4907
BK3	561051461.03	205	3476	441472837.03	79992	5519
BK4	288075967.41	87	1905	223669140.41	55746	4012
BK5	132717138.12	79	385	116905616.12	30719	3806
BK6	274140154.08	68	1020	238679456.08	45509.5	5245
BK7	257751067.63	41	1297	214744953.63	42637	5037
BK8	116998914.69	28	475	100662014.69	19078	5276
BK9	180323274.95	30	556	161310736.95	40643	3969
BK10	190484326.40	21	533	172609469.40	34768	4965
BK11	181463512.27	30	620	160428230.27	33013	4860
BK12	110027703.16	5	214	103012433.16	23346	4412

三、分院校类型的生均综合定额测算

由于X省属高校拨款方式处于传统的"基数+增长"向"综合定额+专项补助"的过渡阶段，作为过渡和折中的办法，拨款形式可以采用分院校类型综合定额拨款的方式。

教育部《普通高等学校基本办学条件指标》将普通高校分为七类，分别为：综合、师范、民族院校；工科、农、林院校；医学院校；财经、政法院校；体育院校；艺术院校。中央高校在2007年生均综合定额拨款标准改革实施以前，将普通高校分为五类进行拨款，分别为：文科、财经院校；综合、理工院校；医科院校；农林、师范院校；艺术院校。2007年的拨款定额标准如表5-7所示。

表5-7　2007年中央高校生均综合定额拨款标准　　　　　单位：元/生

学校类型	生均定额
文科、财经院校	6400
综合、理工院校	6600
医科院校	7100
农林、师范院校	8300
艺术院校	12000

根据以上思路，本书进行了相似的设计。在 X 省属高校中，师范类高校相对较多，其他为理工类、农业类、文科类、医学类。根据对各高校生均公用经费定额的计算，本书发现文科类与财经类高校的生均公用经费差距较小，理工类和农业类高校的生均公用经费支出比较一致。因此，本书将 X 省属高校划分为四类：文科财经院校、理工农业院校、师范民族院校、医学院校。以此计算出 X 省高校分院校类型的生均综合定额拨款标准（见表5-8）。

表5-8　X省高校分院校类型的生均综合定额拨款标准　　单位：元/生

院校类型	最大值（Max）	最小值（Min）	全距（R）	平均定额（Mean）	院校定额折算系数	拨款定额
文科财经院校	8829	6915	1914	8058	1.00	10000
理工农业院校	8744	6552	2192	7992	1.00	10000
师范民族院校	12238	6821	5417	8935	1.13	11300
医学院校	9166	9166	0	9166	1.14	11400

高等教育要实现内涵式发展，就要调整结构，深度挖掘内部潜力，切实提高办学效率。高等教育的发展必然要求改革投入机制和分配机制。首先，增加高等教育经费投入。高等教育的内涵式发展对经费需求的增加是必然的。根据教育法的规定，中国教育经费占 GDP 的比例已经达到了规定要求。但是与其他国家相比，中国的教育投入数额在世界上还是较低的，因此增加教育经费的投入是有必要的。其次，提高高等教育经费拨款的效率和效益。高等教育的内涵式发展，必然对高等教育拨款效率提出相应的要求。这一过程需要充分发挥教育经费分配的政策引领作用，以竞争拨款的方式，促进高等教育资源的有效配置和使用，保证教育资源分配的公正性和透明性，杜绝腐败，真正实现教育公平。同时也要将教育经费拨款与高等教育的质量评估直接关联，使用绩效评估方法对高等教育经费支出效益和产出质量进行衡量，从而确定未来预期拨款的方向、数额及形式方法等，充分利用有限的教育资源。最后，高等教育经费拨款结构的优化。高等教育的发展要求我们对高等教育结构进行优化，鼓励高校特色发展，减少不必要的资金花费。同时教育拨款要随着高校的发展进行适当调整，除此之外，还要进一步分类和细化教育经费拨款。

第三节 生均综合定额拨款测算的历史数据比对

为了验证本书测算的生均定额标准的科学性和合理性，需要将新方法的测算结果与原有的拨款结果进行比对。将新方法的测算定额乘以各高校的折合学生数，所得的财政拨款额度与2008~2010年的历史数据进行对比。

2010年，X省12所省属本科高校生均拨款水平的平均值为9864元。因此，将生均综合定额设定为10000元，且人员定额与公用定额标准各占50%。由于生均综合定额可以设定为10000元，学科折算系数可以使用取整后的比例和调整后的比例，由此衍生出两种方案。在生均综合定额为10000元时，人员经费定额为5000元，基础公用经费为5000元。根据公用经费学科折算系数，可以计算出分学科的公用经费拨款定额标准（见表5-9）。

表5-9 分学科综合定额法的拨款方案 单位：元

拨款方案 学科分类	方案一：按照取整后学科比例		方案二：按照调整后学科比例	
	人员定额	公用定额	人员定额	公用定额
哲学（01）	5000	5000	5000	5000
经济学（02）	5000	5500	5000	5500
法学（03）	5000	5000	5000	5000
教育学（04）	5000	5800	5000	5800
文学（05）	5000	5800	5000	5800
历史学（06）	5000	5500	5000	5500
理学（07）	5000	6000	5000	6000
工学（08）	5000	6000	5000	6000
农学（09）	5000	6000	5000	6300
医学（10）	5000	6000	5000	6500
管理学（12）	5000	5500	5000	5500
艺术类（13）	5000	7500	5000	7500
体育类（402）	5000	6300	5000	6300

接下来，本书具体分析两种比对方案。

使用分学科综合定额和分院校类型综合定额两种方法。结合X省的拨款实际情况，将生均综合定额水平设定为10000元，将新方法与历史拨款水平进行比对。综合以上两种方法，共设计两种比对方案。

在进行新旧拨款方式的数据比对时，需要贯彻"增量改革"的原则。也就是说，新的拨款方法既要考虑财政资金的分配在各院校之间的平衡，又要尽量避免部分高校拨款水平的下降。在新拨款方法与历史数据比对时，如果采取了新的拨款方式导致个别高校的拨款收入水平减少，则个别高校就会对新拨款方法进行抵制或阻碍，不利于新方案的顺利推行。为了使省属高校间的拨款达到平衡，并对个别高校出现的特殊情况进行调整，需要对高校内部的基本支出和项目拨款进行相应处理，即测算出基本支出后，对项目拨款做出增加或者减少的处理。这能够使各高校相同学科的财政拨款水平相同，保证了拨款改革的公平性。基于"增量改革"的考虑，本书共设计了四种策略（见表5-10）。

表5-10　两种比对方案（四种策略）

资金分配方案		定额标准	比对策略	增资额	增资比例	实施结果
分学科定额	方案一	取整的学科折算系数（10000元）	策略一：增加综合定额拨款，减少项目拨款	1721.5万元	1.08%	4所高校的事业拨款额有所增长，其他高校维持不变
			策略二：增加综合定额拨款，不减少项目拨款	31503.9万元	19.82%	12所高校的事业拨款额均有所增长
	方案二	调整的学科折算系数（10000元）	策略一：增加综合定额拨款，减少项目拨款	1761.2万元	1.11%	4所高校的事业拨款额有所增长，其他高校维持不变
			策略二：增加综合定额拨款，不减少项目拨款	32054.3万元	20.17%	12所高校的事业拨款额均有所增长

采用"反事实"的方法，将分学科生均综合定额财政负担部分与原生均综合定额法比较。为了避免数据波动产生的影响，数据比对时使用2008~2010年各高校财务数据的平均值。测算时按照学科门类设置，设定不同档次的学科折算系数，对不同专业确定不同的公用经费定额标准，体现不同专业办学成本差异。

下面进行具体介绍。

方案一：使用取整的学科折算系数。

分学科生均基础标准为 10000 元，其中生均人员定额 5000 元，分学科生均公用经费基础定额 5000 元。假定各高校的事业项目拨款水平不变，在此情况下测算各高校的综合定额拨款。从表 5-11 我们可以看出，仅有一所高校的测算拨款额与实际拨款存在缺口。新拨款方法与原生均综合定额法拨款相比，该高校拨款减资 2661 万元（3 年平均值），其他高校均获得了不同程度的增资。为了使增资水平在不同高校间有所平衡，可以通过调整项目拨款的方式给予调整。根据 X 省的财政供给能力，按照"增量改革""资金平衡"的原则，项目拨款调整幅度也不同。对此，使用两种策略。策略一适合于财政供给能力相对较低的状态，项目拨款的调整幅度较大，尽量压缩各高校的原有项目拨款额。策略二则对项目拨款调整幅度较小，各高校的财政拨款总额度都有不同程度的提高。

表 5-11　新拨款方法与原生均综合定额法拨款数据比对结果（方案一）*

单位：元

院校名称	综合定额拨款①	离退休拨款②	事业收入③	测算的综合定额拨款④	除去离退休费的实际拨款额⑤	测算的财政拨款额⑥	测算拨款与实际拨款缺口⑦
BK1	190552830	37023514	118920713	245841450	153529316	126920737	−26608579
BK2	150329513	23562855	136915712	285056517	126766658	148140804	21374146
BK3	160668324	39859541	135973316	292140333	120808783	156167018	35358235
BK4	109886750	21468942	79505700	203084167	88417808	123578467	35160659
BK5	44471702	5270507	51966667	105735833	39201195	53769167	14567972
BK6	76879342	11820233	86236047	163031233	65059110	76795187	11736077
BK7	80392978	14335371	53149909	155514833	66057606	102364924	36307318
BK8	33916591	5445633	28622803	69682333	28470957	41059531	12588573
BK9	62703321	6337513	52015890	148885300	56365808	96869410	40503602
BK10	61297785	5958286	39823667	127211667	55339499	87388000	32048501
BK11	60516509	7011761	46572456	120438400	53504748	73865944	20361196
BK12	38988000	2338423	31400000	84490267	36649577	53090267	16440690

* 注：⑤=①-②，⑥=④-③，⑦=⑥-⑤；"+"表示增资，"−"表示减资。

策略一：增加综合定额拨款，减少项目拨款。

在财政资金供给较为紧张的情况下，对存在资金缺口额的高校以事业项目拨款的形式给予增资，不存在资金缺口额的高校减少项目拨款，以维持新拨款方法与原综合定额拨款方法的平衡。这样获得财政拨款增资的高校数量较少，在财政资金相对紧张的情况下较易实现各高校间的平衡。表 5-12 显示，获得增资的高校仅有 4 所，增资最高的高校增资比例没有超过 10%，其他高校的事业拨款额维持不变。12 所高校合计增资的财政负担为 1721.54 万元，原财政拨款额的 3 年平均值为 158947.03 万元，增资额占原拨款额的比例为 1.08%。

表 5-12　减少项目拨款的测算结果（方案一、策略一）　　单位：元

院校名称	综合定额拨款	事业项目拨款	项目和综合定额的调整		方案实施后的经常费拨款额情况			
			项目调整	综合定额调整	综合定额拨款	事业项目拨款	增资额	增资比例
BK1	190552830	66725166	+26608579	-26608579	163944251	93333745	0	0
BK2	150329513	63882035	-21374146	+21374146	171703659	42507889	0	0
BK3	160668324	72598920	-35358235	+35358235	196026559	37240685	0	0
BK4	109886750	76743385	-35160659	+35160659	145047409	41582726	0	0
BK5	44471702	26617040	-14567972	+14567972	59039674	12049068	0	0
BK6	76879342	43832653	-11736077	+11736077	88615419	32096576	0	0
BK7	80392978	36025653	-36307318	+36307318	116700296	0	281665	0.24%
BK8	33916591	24755573	-12588573	+12588573	46505164	12167000	0	0
BK9	62703321	31676900	-40503602	+40503602	103206923	0	8826702	9.35%
BK10	61297785	24742907	-32048501	+32048501	93346286	0	7305594	8.49%
BK11	60516509	19559733	-20361196	+20361196	80877705	0	801463	1.00%
BK12	38988000	31706707	-16440690	+16440690	55428690	15266017	0	0
增资的财政负担（增资占经常费拨款的比例）					17215424（1.08%）			

策略二：增加综合定额拨款，不减少项目拨款。

在财政资金供给较为充裕的情况下，将存在缺口额的高校以事业项目拨款的形式给予增资，不减少其他高校的项目拨款额度。这样各高校的财政拨款额度都可以获得不同程度的增加。数据比对结果显示，除了一所高校的拨款水平有所降低，其他 11 所高校的拨款都有所增加，增加的高校拨款增量合计为 27645 万元，

校均增量 2513 万元，增资额的平均增长率为 23.24%。考虑到公平的原则，假定取一个中间值，按照 15% 的比例增资，需要给 BK1（减资高校）增加事业项目拨款 3859 万元。由于实施了分学科生均拨款，BK1 的定额拨款下降 2661 万元。这需要以项目拨款的形式进行弥补，合计需给予 BK1 增加项目拨款 6520 万元，因此，该校获得的最终财政拨款增资额为 3859 万元。表 5-13 显示，12 所省属本科高校均获得了不同程度的增资，12 所高校合计增资的财政为 31503.86 万元，增资额占原拨款额的比例为 19.82%。

表 5-13　不减少项目拨款的测算结果（方案一、策略二）　　　　单位：元

院校名称	综合定额拨款	事业项目拨款	项目和综合定额的调整		方案实施后的经常费拨款额情况			
			项目调整	综合定额调整	综合定额拨款	事业项目拨款	增资额	增资比例
BK1	190552830	66725166	+65200278	-26608579	163944251	144789344	38591699	15.00%
BK2	150329513	63882035	0	+21374146	171703659	63882035	21374146	9.98%
BK3	160668324	72598920	0	+35358235	196026559	72598920	35358235	15.16%
BK4	109886750	76743385	0	+35160659	145047409	76743385	35160659	18.84%
BK5	44471702	26617040	0	+14567972	59039674	26617040	14567972	20.49%
BK6	76879342	43832653	0	+11736077	88615419	43832653	11736077	9.72%
BK7	80392978	36025653	0	+36307318	116700296	36025653	36307318	31.19%
BK8	33916591	24755573	0	+12588573	46505164	24755573	12588573	21.46%
BK9	62703321	31676900	0	+40503602	103206923	31676900	40503602	42.92%
BK10	61297785	24742907	0	+32048501	93346286	24742907	32048501	37.25%
BK11	60516509	19559733	0	+20361196	80877705	19559733	20361196	25.43%
BK12	38988000	31706707	0	+16440690	55428690	31706707	16440690	23.26%
增资的财政负担（增资占经常费拨款的比例）					315038668（19.82%）			

方案二：使用调整的学科折算系数。

历史数据的计算结果显示，X 省属高校的医学和农学学科折算系数虽然高于其他学科，但与中央高校执行的医学与农学的拨款折算系数相比，仍处于相对较低的水平。为了促进 X 省医学和农学学科的可持续发展，更好地提升医学和农学学科的人才培养质量，在生均基础定额标准为 10000 元的情况下，使用调整后的学科折算系数进行测算和比对。将医学的学科折算系数由 1.2 提高到 1.3，农学

的学科折算系数由 1.2 提高到 1.25，测算使用 12 所高校的 3 年财务数据平均值。表 5-14 显示，在事业项目拨款额度不变的情况下，仅有一所大学的测算拨款额与实际拨款存在缺口。新方法与原生均综合定额法拨款相比，该高校拨款减资2661 万元，其他高校都有不同程度的增资。同样使用两种策略对项目拨款进行调整。

表 5-14　新拨款方法与原生均综合定额法拨款数据比对结果（方案二）

单位：元

院校 名称	综合定额 拨款	离退休 拨款	事业 收入	测算的综合 定额拨款	除去离退休费的 实际拨款额	测算的财政 拨款额	测算拨款与实际 拨款缺口
BK1	190552830	37023514	118920713	245841450	153529316	126920737	−26608579
BK2	150329513	23562855	136915712	285056517	126766658	148140804	21374146
BK3	160668324	39859541	135973316	292140333	120808783	156167018	35358235
BK4	109886750	21468942	79505700	205261067	88417808	125755367	37337559
BK5	44471702	5270507	51966667	105735833	39201195	53769167	14567972
BK6	76879342	11820233	86236047	163031233	65059110	76795187	11736077
BK7	80392978	14335371	53149909	155514833	66057606	102364924	36307318
BK8	33916591	5445633	28622803	72591667	28470957	43968864	15497907
BK9	62703321	6337513	52015890	148885300	56365808	96869410	40503602
BK10	61297785	5958286	39823667	127438967	55339499	87615300	32275801
BK11	60516509	7011761	46572456	120607700	53504748	74035244	20530496
BK12	38988000	2338423	31400000	84511767	36649577	53111767	16462190

策略一：增加综合定额拨款，减少项目拨款。

与方案一的策略一类似，这种方法适合财政资金供给相对紧张的情况，所不同的只是提高了医学和农学的财政拨款水平。采取的策略是将存在资金缺口额的高校以事业项目拨款的形式给予增资，不存在资金缺口额的高校减少项目拨款。这样获得财政拨款增资的高校数量较少。表 5-15 显示，获得增资的高校仅有 4所，增资最高的高校增资比例没有超过 10%。12 所高校合计增资的财政负担为1761. 20 万元，增资额占原拨款额的比例为 1.11%。

表5-15 减少项目拨款的测算结果（方案二、策略一） 单位：元

院校名称	综合定额拨款	事业项目拨款	项目和综合定额的调整		方案实施后的经常费拨款额情况			
			项目调整	综合定额调整	综合定额拨款	事业项目拨款	增资额	增资比例
BK1	190552830	66725166	+26608579	-26608579	163944251	93333745	0	0.00%
BK2	150329513	63882035	-21374146	+21374146	171703659	42507889	0	0.00%
BK3	160668324	72598920	-35358235	+35358235	196026559	37240685	0	0.00%
BK4	109886750	76743385	-37337559	+37337559	147224309	39405826	0	0.00%
BK5	44471702	26617040	-14567972	+14567972	59039674	12049068	0	0.00%
BK6	76879342	43832653	-11736077	+11736077	88615419	32096576	0	0.00%
BK7	80392978	36025653	-36025653	+36307318	116700296	0	281665	0.24%
BK8	33916591	24755573	-15497907	+15497907	49414498	9257666	0	0.00%
BK9	62703321	31676900	-31676900	+40503602	103206923	0	8826702	9.35%
BK10	61297785	24742907	-24742907	+32275801	93573586	0	7532894	8.76%
BK11	60516509	19559733	-19559733	+20530496	81047005	0	970763	1.21%
BK12	38988000	31706707	-16462190	+16462190	55450190	15244517	0	0.00%
增资的财政负担（增资占经常费拨款的比例）					17612024（1.11%）			

策略二：增加综合定额拨款，不减少项目拨款。

此策略适用于财政资金供给较为充裕的情况，对存在缺口额的高校以事业项目拨款的形式给予增资，其他高校的项目拨款额度保持不变。数据比对结果显示，除了1所高校的拨款水平有所降低，其他11所高校的拨款都有所增加，增加的高校拨款增量合计为28195万元，校均增量2563万元，增资额的平均增长率为23.85%。考虑到公平原则，按照15%的比例增资，而分学科定额拨款造成BK1的减资额为2661万元，需要进行弥补，合计需给予BK1增加项目拨款6520万元，该校获得的最终财政拨款增资额为3859万元。表5-16显示，12所高校合计增资的财政为32054.30万元，增资额占原拨款额的比例为20.17%。

表5-16 不减少项目拨款的测算结果（方案二、策略二） 单位：元

院校名称	综合定额拨款	事业项目拨款	项目和综合定额的调整		方案实施后的经常费拨款额情况			
			项目调整	综合定额调整	综合定额拨款	事业项目拨款	增资额	增资比例
BK1	190552830	66725166	+65200278	-26608579	163944251	131925444	38591699	15%

续表

院校名称	综合定额拨款	事业项目拨款	项目和综合定额的调整		方案实施后的经常费拨款额情况			
			项目调整	综合定额调整	综合定额拨款	事业项目拨款	增资额	增资比例
BK2	150329513	63882035	0	+21374146	171703659	63882035	21374146	9.98%
BK3	160668324	72598920	0	+35358235	196026559	72598920	35358235	15.16%
BK4	109886750	76743385	0	+37337559	147224309	76743385	37337559	20.01%
BK5	44471702	26617040	0	+14567972	59039674	26617040	14567972	20.49%
BK6	76879342	43832653	0	+11736077	88615419	43832653	11736077	9.72%
BK7	80392978	36025653	0	+36307318	116700296	36025653	36307318	31.19%
BK8	33916591	24755573	0	+15497907	49414498	24755573	15497907	26.41%
BK9	62703321	31676900	0	+40503602	103206923	31676900	40503602	42.92%
BK10	61297785	24742907	0	+32275801	93573586	24742907	32275801	37.51%
BK11	60516509	19559733	0	+20530496	81047005	19559733	20530496	25.64%
BK12	38988000	31706707	0	+16462190	55450190	31706707	16462190	23.29%
增资的财政负担（增资占经常费拨款的比例）					320543002（20.17%）			

通过详细分析两种资金分配方案、四种拨款策略，可以发现"方案一策略二"的资金分配方式最为合理。在这种拨款方式中，12所省属本科高校都有不同程度的增资，增资的财政负担为31503.86万元，增资额占原拨款额的比例为19.82%。12所高校事业拨款资金需求合计为19.05亿元，增资的压力相对不大，也比较容易在各高校间实现平衡。应该看到，增资19.82%的需求是比较正常和合理的。改革本身需要支付一定成本，由原拨款方法向新的拨款方法过渡需要调整各高校间的利益格局，增资19.82%为拨款制度的改革提供了缓冲和调整的空间，也比较符合"增量改革"的原则，从而保证新的拨款方式顺利推行。

第六章 X 省属本科高校的规模经济与绩效评估

第一节 高校规模经济的理论与高校规模效益

规模经济理论（Economies of Scale Theory）是经济学的基本理论之一，主要研究有限资源如何实现最优化配置，即如何用最小的投入获取最大的产出。规模经济需要在对生产进行长期分析的基础上建立，它反映的是长期平均成本曲线特征。新古典主义经济理论认为，对于单个厂商而言，平均生产曲线呈 U 形，生产过程中存在着适度规模。以适度规模为临界值，当实际生产规模小于适度规模时，平均成本随着生产规模的扩大而下降，由此产生规模经济。而当实际生产规模超过适度规模时，平均成本随着规模的扩大而上升，产生规模不经济。[①] 现代主流经济学理论认为，规模效益即投入的规模增加对产出量的影响，有以下三种情况：一是规模效益不变（Constant Returns to Scale），表示投入增加的比例与产出增加的比例一致；二是规模效益递增（Increasing Returns to Scale），表示产出增加的比例大于投入增加的比例；三是规模效益递减（Decreasing Returns to Scale），表示所有投入的均衡量增加时，总产出增加的比例较小。[②]

规模经济现象广泛存在于多种行业之中，国内外大量实证研究均表明，高校也存在规模经济现象。学术界对高等教育规模经济的研究始于 20 世纪初期，越

---

①② 保罗·A. 萨缪尔森，威廉·诺德豪斯. 经济学（第 16 版）[M]. 北京：华夏出版社，1999.

来越多的研究表明，不同类型的高校存在不同的规模经济。比如，美国卡内基委员会的研究表明，私立研究型大学适度规模为7000～10000人。[①] 丁小浩通过对山西等五省高校调查数据分析后，认为我国高校适度规模为8300人左右，并提出院系规模与专业规模都是影响成本行为和资源使用效率的重要因素。[②] 提升高校办学质量需要依靠大量的人力、物力以及财力资源。由于教育资源具有自身的特性，因此办学规模的一味扩大并不能带来生均教育支出和各种教育资源利用效率的提高，有时甚至造成截然相反的结果。本书从高校的规模与成本之间关系的角度探讨X省属高校的规模效益，这是研究X省高校内部效益的一个重要方面。

一、高等教育规模经济的特殊性

高等教育的发展不仅受经济的影响和制约，还要遵循教育的特定规律。因此，高等教育规模经济具有特殊性。

（一）高等教育规模经济的适度性

教育规模经济的适度性与企业规模经济不同，因为高校是培养高级专门人才的场所，其规模经济应该是适度、合理的规模经济，即必须使学生有科学合理的学习空间和资源。只有这样，才能保证学生健全人格的养成和各种能力的形成。因此，只有教育规模经济与高等教育质量统筹布局，协同发展，高等教育不能片面追求生均成本的降低而忽视教育质量的提高。只有这样，高校才能培养出社会需要的合格人才。

（二）高等教育规模扩大的有限性

高等教育规模扩张固然能带来可观的收益，但也可能带来较大的支出。高等教育的支出主要受高校生产能量、生源规模、毕业生就业率、生均教育成本、国民经济发展水平、高等教育发展速度及国家的高等教育政策等因素的影响和制约。高校的规模超过一定限度，会引起高校新一轮的固定资产购置、扩大校园面积、引进师资等支出的发生，这又会导致高校的资金短缺。因此，高校不能无限制地扩大规模。为了保证质量和效益的统一，高校的规模扩张要维持在适度的范围之内。

① Carnegie Commission on Higher Education. The More Effective Use of Resources ［R］. New York：Mc-Graw Hill，1972.

② 丁小浩. 中国高等高校规模效益的实证研究 ［M］. 北京：教育科学出版社，2000.

（三）高等教育规模研究的受限性

企业的产品是合格商品，而高等教育的产品是合格人才。因此，与企业相比，高等教育的产品具有特殊性，即高等教育的产品价值存在滞后性和难以准确衡量的特点。此外，高等教育的"生产过程"也是不能准确计量的。以上诸多因素制约了规模经济理论在高等教育规模研究中运用的广度和深度。

二、规模经济理论用于高校规模分析的可行性

著名经济学家舒尔茨（Schultz）认为，学校可视为专门生产学历的厂商，教育机构（包括学校在内）可以视为一种工业部门。[①] 由此可见，适用于分析企业的规模经济理论，也可以用来分析高校。从规模经济理论的角度看，高等学校是一个投入产出系统。它的投入要素是劳动力、固定资产、原材料（高中毕业生）等，产出要素是各类专门人才。学校规模经济的形成是在保证一定教育质量的前提下，使学校资源获得充分和适当的利用。同时，规模经济的产生必须在规模扩大后不致衍生不经济缺陷的条件下才能成立。

高等教育具有规模经济的特征，这是因为高等教育具备产生规模经济的条件——生产要素的不可分割性和生产专业化。高校生产要素投入的不可分割性是指各种投入生产要素包括劳动力，都有其不可分割的最小单位。只有当这一最小自然单位整体运作时，该要素的功能才能实现。高校的正常运转无论其规模大小，必须具有教师、职工、校舍建筑、教学实验设备、学生等各种生产要素的同时投入。否则，高校就不能进行正常性生产。高校生产的专门化表现为教育教学环节的专门化，包括学生学习内容的专业化、教师教学活动的专业化、行政管理的专业化等。高等教育规模经济特性主要表现为生产设备、购销环节、管理环节、经营过程的节约。[②]

高校的规模过大或者过小都会引起规模不经济。高校规模过小，容易导致资源浪费，产生单位学生成本过高的不经济。高校规模过大容易导致基础设施和基本需求增加，管理的复杂程度提高，管理成本也相应提高。在此情况下，高校如果继续扩张规模，有可能导致生均成本的提高，也有可能出现规模效益拐点。降低办学成本，提高办学质量，是高校追求的永恒目标。为了达到这个目标，高校

① 陈洪安. 论高校规模经济 [J]. 教育与经济, 1999（3）: 16-19.
② 许长青. 基于多元产出的高等教育规模经济与范围经济计量分析 [J]. 高教发展与评估, 2015（4）: 32-44.

应该在规模经济理论的指导下，保持适度发展规模。高等教育的适度规模是指拥有恰好可以使教育资源获得充分与适当地运用，而又不衍生规模不经济现象的教育规模。因此高等教育适度规模经济形成的条件是在保证高校教育质量基础上，高校的教育资源获得充分和合理的使用且规模扩大后不衍生不经济的缺陷。教育规模经济的效果唯有适度规模的学校方可获得。[①]

三、X 省属本科高校经费收支概览

本书利用规模效益原理对生均支出经费与办学规模（学生数）两者之间的关系进行讨论。为了清晰直观地呈现 X 省属高校规模和生均教育支出之间的关系，本书从以下三方面展开：第一，本书对 12 所省属高校的教育收支情况做简要说明。第二，利用 SPSS 22.0 软件，以 1∶1.5∶2 的折算系数获得的学生人数（X）为自变量[②]，以其对应的生均教育支出（AC）为因变量，在对比常用的 Linear（拟合直线方程）、Compound（拟合复合曲线模块）、S（拟合 S 形曲线）等多种函数形式测试的基础上，选用符合成本收益研究的 U 形曲线 Quadratic 函数制作散点图，进行曲线拟合和相关分析并在 95% 置信区间进行检验。第三，划分出该模型下的生均经费区间，确定最佳规模效益下的生均经费定额标准拨款区间比例，目的是探索出与 X 省经济发展相适应的省属高校适度规模，从而为 X 省属高校使用综合定额拨款方式提供参考依据。

X 省属高校的教育经费收入及支出如图 6-1 所示。其中教育经费来源主要有财政预算内拨款、上级补助、事业收入、经营收入、附属单位缴款以及其他经费收入。教育部颁布的《高等学校会计制度（2014）》指出，"事业收入"反映高校开展教学、科研活动及其辅助活动取得的收入，分为教育事业收入和科研事业收入。其中，教育事业收入主要指通过学历和非学历教育向学生个人或者单位收取的学费、住宿费、委托培养费、考试考务费、培训费和其他教育事业收入。除此之外，高等教育成本中还有一些非教育成本项目，如学校用地、建筑物、教学实验仪器设备等固定资产折旧成本等。这些非教育成本项目因与本书联系不大，计算时未涉及。教育支出主要分为基本建设支出与项目支出两大类。本书中的总支出是指总支出除去基本建设支出的经费。

---

① 梁奕，李全生. 浅析高等教育规模经济的内涵 [J]. 商业时代，2009（10）：87-88.
② 参考教育部 2004 年《普通高等学校基本办学条件指标（试行）》，全日制当量学生数的折算权重为：普通本、专科（高职）生为 1，硕士生为 1.5，博士生为 2。

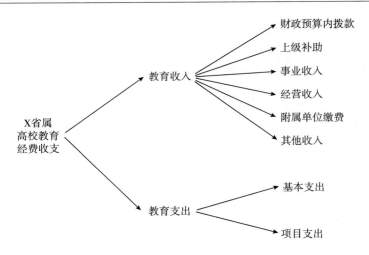

图 6-1　2012~2014 年 X 省属高校教育经费收支情况

总体来说，以学生数量为划分依据，X 省属高校经费可分为固定成本和变化成本两类。所谓固定成本是指不随学生人数增减而发生变化的成本，比如离退休人员工资。变动成本则是指成本总额随着学生数量的增减呈比例变化的成本，如学生助（奖、贷、补）学金。因此，在原有办学条件的基础上，高校适当扩大招生规模可以提高经费利用率。但如果超过一定限度，原有办学条件将无法满足扩招后人才培养的需求。由此，提高 X 省属本科高校教育规模效益应主要通过最大限度提高经费使用效率及适度学生规模等途径来实现。

四、X 省属本科高校规模效益分析

本书将 2012~2014 年 X 省属本科高校的教育经费数据录入 SPSS 22.0 中进行统计分析，得到表 6-1、图 6-2 和回归模型：$AC = b_1 \times X + b_2 \times X_2 + b_0$。其中用 X 表示自变量，即 X 省属高校在校学生当量数。

计算方法为：将普通本专科生人数（a）、硕士研究生人数（b）和博士研究生人数（c）按 1∶1.5∶2 进行折算后加和获得学生数 1，记为 X_1，即 $X_1 = \sum(a + 1.5 \times b + 2 \times c)$；用生均教育支出 AC 表示因变量，计算方法为：用总支出中除去基本建设支出的经费除以学生数 1（X_1）得出生均支出 1，即 $AC_1 = X_2$ 为 X 省属高校在校学生当量数的平方，计算方法为 $X_2 = X_1 \times X_1$。

表 6-1　模型摘要和参数估算

因变量：生均支出 1

方程式	模型摘要					参数估计值		
	R 平方	F	df1	df2	显著性	常量	b1	b2
二次项（Q）	0.160	3.706	2	39	0.034	21515.657	−0.265	1.289E−5

自变量为学生数 1

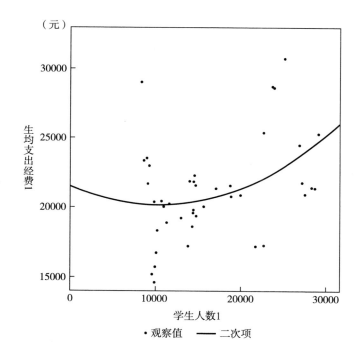

图 6-2　2012～2014 年 X 省属高校学生人数 1 与生均支出 1 相关分析

（一）回归模型

经过以上的分析计算，我们得出，当本专科人数：硕士生人数：博士生人数 = 1：1.5：2 时，得到的学生规模与生均教育支出的 Quadratic 二次回归方程为 $AC_1 = 0.00001289X_1X_2 - 0.265 X_1 + 21515.657$。由该模型可知，最低生均人数 $X_{min} = 10279$，最低生均支出 $AC_{min} = 20154$ 元。

2012～2014 年，X 省属高校学生规模大多为 10000～15000 人，生均支出经费在 23000 以下。当学生人数比较少时，生均支出经费水平有下降的趋势。省属高校学生人数为 10000 人左右时，随着学校规模的扩大，生均支出经费下降的幅度比较明显。而当学校人数大于 10000 人时，随着学校规模的扩大，生均支出经费停止下降并转而轻微上升，逐步稳定在一个较高水平的区域。这也从一个侧面说明，学生人数对生均支出虽然具有影响力，但该影响力是有一定限度的。此外，图中生均教育支出经费的曲线坡度较为平缓，表明 X 省属高校在生均教育成本方面，总体变动幅度并不大。

（二）拨款适应区间测算

根据以上结果，我们可以得到 X 省属高校定额拨款标准的适应区间（见图 6-3），从而为设计 X 省属高校综合定额拨款方式提供参考依据。

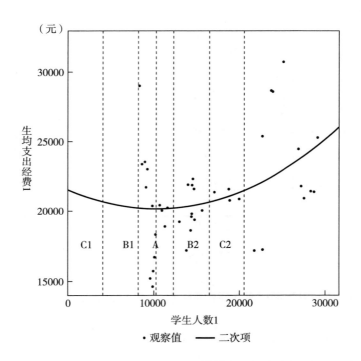

图 6-3 2012～2014 年 X 省属高校拨款适应区间示意

图 6-3 是 X 省属高校生均支出经费与学生规模所构成的拨款适应区间示意图。图中 A 区间学校规模为 8224～14391 人，生均支出为 20154～20372 元。B 区间包含 B1 与 B2 两部分，其中当 B1 区间学生规模为 4112～8224 人时，生均支出经费为 20644～20208 元。当 B2 区间学生规模为 14391～18500 人时，生均支出经

费为 20372 ~ 21025 元。C 区间包含 C1 与 C2 两部分，其中 C1 区间学生规模为
0 ~ 4112 人时，生均支出经费为 21516 ~ 20644 元；C2 区间学生规模为 18500 ~
22615 人时，生均支出经费为 21025 ~ 22115 元。

以此原理，可以对不同区间设计不同的生均公用经费定额拨款区间比例，在
有限的教育教学资源中探寻最佳的配置方案，确定最佳规模效益下的生均公用经
费定额标准拨款区间比例，如表 6-2 所示。

表 6-2　X 省属高校经费定额标准规模拨款比例

拨款区间		学生数（人）	生均经费（元）
A 区间		8224 ~ 14391	20263
B 区间	B1	4112 ~ 8224	20426
	B2	14391 ~ 18500	20699
C 区间	C1	0 ~ 4112	21080
	C2	18500 ~ 22615	21570

综合图 6-3 和表 6-2，我们不难发现，A 区间为最佳规模效益区间，其次为
B 区间，最后为 C 区间。由表 6-2 可知，最佳规模效益 A 区间内学生人数最多为
14391 人，生均经费为 20263 元。B1 区间学生人数最多为 8224 人，生均经费为
20426 元，B2 学生人数最多为 18500 人，生均经费为 20699 元。根据《财政部、
教育部关于进一步提高地方普通本科高校生均拨款水平的意见》（财教〔2010〕
567 号）精神，高校需要结合地区经济发展、自身财力情况、在校生人数变化等
因素，建立地方生均拨款标准动态调整机制，逐步提高生均拨款水平。我们建
议，当在校学生人数超过 18500 人时，多招录的学生数按 80% 进行折算后再进行
拨款。这种做法一方面能有效控制 X 省属高校的学生规模，另一方面也能提高 X
省属高校的资金利用率，促进高校的可持续发展。

许多发展中国家的实践经验表明，在国家经济发展受到一定阻力或者内需不
振时，政府适度扩大高等教育规模可以有效促进经济发展。但是，高等教育规模
的过度扩大不仅会带来如就业压力增大、高文凭失业率剧增等诸多社会问题，也
会加重国家的财政负担，弱化高等教育的经济功能，导致经济衰退。《国家中长
期教育改革和发展规划纲要（2010—2020 年）》将制定生均经费基本标准和生
均财政拨款基本标准作为教育投入保障机制改革试点，X 省对这一规定展开了多

次研讨。本书反映出 X 省属高校的经费来源绝大部分依靠财政拨款，但财政拨款的增长幅度在一定程度上滞后于学校办学规模的扩大幅度。X 省属高校的适应拨款区间并非处于一个长期不变的阈值内，拨款标准应该根据地区经济水平、财政能力、教育供求等客观因素及时调整，进行相应配套，避免高校低成本运行、影响教学与科研质量。此外，也要杜绝不切实际发展和浪费财政资源的现象。从而强化财政拨款的约束效力，建立适合 X 省经济发展和社会需求的拨款模式，促进 X 省高等教育事业优质和高效发展。

第二节　绩效评估指标与因子分析法

构建合理的绩效评估指标体系和采用切实可行的评估方法是全面、客观地评估高校绩效水平的关键所在，因为这直接关系到评估结果的科学性和客观性。根据构建高校绩效评估指标的指导思想和所应遵循的原则，本书构建了专门针对 X 省属本科高校绩效评估的指标体系。

一、绩效评估指标体系的构建

构建评估指标体系是进行评估的前提和基础，它是将研究对象按照本质属性和某一方面的特征标识分解成为具有行为化、可操作化的结构，并对指标体系中每一个构成元素（指标）赋予相应权重的过程。绩效评估指标是体现组织业绩和效率的指标，一般用来评估组织某一方面目标的达到程度和资源的利用情况。绩效指标评估的方法最早应用于企业管理，后来被应用到了高校的教育评估，这为高校办学效益的量化评估提供了一种可行的操作工具。马丁·凯夫（Martin Cave）等认为，高校绩效评估指标是用数量形式测量高校活动特征的一种官方工具。这种测量既可以是序数性的，也可以是基数性的；既可以是绝对性的，也可以是相对性的；既包括固定的机械程序，也包括一些非正式的如同行评价或声誉排行等过程。[①]

---

① Martin Cave, Hanny, Stephen and Kogan, Mauric. The Use of Performance Indicator in Higher Education: A Critical Analysis of Developing Practice [M]. Jessica Kingsle Publishers Ltd, 1988.

（一）构建绩效评估指标体系的指导思想

本书坚持以下两个指导思想。首先，数据的可获得性和权威性。在构建高校绩效评估指标体系时，一定要保证收集到的数据准确可靠。对于一些不容易量化统计得到的数据指标，在采用时要慎重考虑，因为数据的精确程度会直接影响到绩效评估结果的客观性。基于以上考虑，我们要尽可能采用政府相关部门公布的指标数据，保证数据的权威性和可靠性。其次，以投入产出为核心内容。对高校进行绩效评估就是要了解高校一切经营活动的投入产出效率，促进高校秉持投入产出观念规范高校的经营与发展，帮助高校提升办学效益。因此，高校绩效评估体系要能全面反映高校的投入与产出状况。

（二）X省高校绩效评估指标体系

高校绩效评估指标的选取必须充分反映高校投入和产出的绩效状况。为了得到科学公正的绩效评估结果，本书在构建高校绩效评估指标体系时须遵循以下几个原则：第一，全面性原则。绩效评估指标体系要全面反映高校人力、物力和财力投入状况，同时也要反映出高校基于人才培养、科学研究和社会服务职能的产出状况。第二，目的性原则。投入指标和产出指标的筛选必须与高校绩效评估目标紧密联系，确保最后得出的结果能够真实地反映高校的绩效水平。第三，可比性原则。指标体系应该能在各高校之间进行横向和纵向比较，既可以比较综合投入产出绩效的高低，又可以只针对高校的投入水平与产出水平进行具体指标值的比较。在遵循以上三项原则的基础上，考虑到数据资料的可获得性和权威性等因素，参照X省教育厅公布的2009年X省高校教育事业统计数据，本书构建了如表6-3所列出的涉及高校14项投入指标和5项产出指标的高校绩效评估指标体系。

表6-3　高校投入与产出绩效评估指标体系

	I1	教职工人数（人）
投入指标体系	I2	专任教师数（人）
	I3	教授、副教授人数（人）
	I4	生师比
	I5	财政拨款（万元）
	I6	图书数量（万册）
	I7	固定资产总额（万元）

	I8	教学仪器设备资产总值（万元）
	I9	占地总面积（平方米）
投入指标体系	I10	校舍建筑总面积（平方米）
	I11	教学行政用房总面积（平方米）
	I12	学生宿舍总面积（平方米）
	I13	事业性经费支出（万元）
	I14	教职工工资福利支出（万元）
	O1	在国内核心期刊和 SCI、EI 等发表、收录论文篇数（篇）
	O2	毕业生人数（人）
产出指标体系	O3	毕业生工作签约率（%）
	O4	成人教育在校生人数（人）
	O5	折合当量在校学生数（人）

表 6-4 和表 6-5 是 2009 年 X 省属本科院校关于投入和产出指标的原始数据。由于各评估指标具有不同的计量单位，因此通过计算原始数据的标准分数来实现对原始变量的无量纲化转换，表 6-6 和表 6-7 是 X 省属本科高校投入和产出指标标准化处理后的数据。[①]

二、因子分析法概述

（一）因子分析法的概念

因子分析法是探讨存在相关关系的变量之间，是否存在不能直接观察到但对可观测变量的变化起支配作用的潜在因子的分析方法。[②] 因子分析的目的是降维，试图用潜在的起支配作用的随机变量来反映原来许多变量描述的事物属性。

因子分析法的数学模型可表示如下：设有原始变量 $= X$（x_1，x_2，x_3，…，x_p），它们与潜在因子之间的关系可以用以下模型表示：

---

① 标准分数是对原始数据进行均值为 0、标准差为 1 的转换，计算公式为 $Z = \dfrac{X - \overline{X}}{s}$，式中：$Z$ 为标准分数，X 代表原始数据，$\overline{X}$ 为一组数据的平均数，s 为标准差。

② 卢纹岱. SPSS 统计分析 [M]. 北京：电子工业出版社，2010.

表6-4　X省10所省属高校关于14项投入指标的原始数据

学校名称	I1	I2	I3	I4	I5	I6	I7	I8	I9	I10	I11	I12	I13	I14
BK1	2423	1247	626	20.36	25925.51	159.75	52884.91	14858.46	834344	543053	328980	26704	39086.14	12438.24
BK7	1141	699	338	19.32	12707.43	72.42	31002.24	4964.79	505356	409313	204810	109865	18463.42	5931.69
BK2	2263	1371	573	18.54	20046.24	149.99	102366.35	24132.45	1620001	768454	384270	200315	33677.33	10415.52
BK3	2256	1388	530	22.06	23794.10	182.41	105080.83	23843.14	949065	666199	336392	139684	34661.87	13961.24
BK6	1175	760	253	20.36	14018.63	94.80	68579.51	5136.97	888458	451408	184615	110731	21123.94	6268.21
BK4	1486	884	351	17.26	18615.03	81.47	50933.69	11846.84	701240	422635	214910	97526	21369.60	6729.87
BK5	681	493	150	21.09	6385.53	64.42	33335.64	2757.81	369530	226971	87409	76566	11508.53	3156.43
BK12	522	384	115	20.72	7027.52	42.87	15564.00	3322.00	431336	191077	118783	48067	11209.97	3158.94
BK8	540	366	131	14.73	5177.33	37.71	10791.81	3719.69	80667	153255	61117	35685	7578.57	2620.54
BK9	905	681	191	19.34	9187.83	87.47	35964.28	6393.29	638789	293972	178592	77890	13557.63	4679.43
BK11	825	521	180	20.89	7347.43	66.60	31111.20	5390.00	760706	293671	197927	91595	11773.46	4166.61
BK10	834	543	193	21.30	8055.17	70.00	24036.00	4252.30	664169	237248	132075	59345	12281.13	4230.75

表 6-5 X 省 10 所省属高校关于 5 项产出指标的原始数据[①]

学校名称	O1	O2	O3	O4	O5
BK1	1285	7073	39.25	14997	25387.9
BK7	33	4036	33.77	1097	14180.6
BK2	1171	5051	55.43	12454	28552.7
BK3	1623	5587	57.94	18260	31874.4
BK6	89	2268	34.44	4743	16621.9
BK4	174	3418	46.78	3068	16618.3
BK5	84	2051	29.65	2042	11663.1
BK12	38	1245	19.44	509	8576.6
BK8	20	1277	37.40	962	6052.2
BK9	270	2946	29.12	3733	14408.3
BK11	102	2259	28.50	3860	11728.4
BK10	98	2517	28.53	904	12226.8

$$
\begin{cases}
x_1 = a_{11}z_1 + a_{12}z_2 + a_{13}z_3 + \cdots + a_{1m}z_m + \varepsilon_1 \\
x_2 = a_{21}z_1 + a_{22}z_2 + a_{23}z_3 + \cdots + a_{2m}z_m + \varepsilon_2 \\
x_3 = a_{31}z_1 + a_{32}z_2 + a_{33}z_3 + \cdots + a_{3m}z_m + \varepsilon_3 \\
\cdots \\
x_p = a_{p1}z_1 + a_{p2}z_2 + a_{p3}z_3 + \cdots + a_{pm}z_m + \varepsilon_p
\end{cases}
$$

式中，$Z_1 \sim Z_m$ 为 m 个潜在因子（$m<p$），是各原始变量都包含的因子，称为 X 的主因子（也称为公共因子），$\varepsilon_1 \sim \varepsilon_p$ 为 p 个只包含在某个原始变量之中的，只对一个原始变量起作用的特殊因子，并且各特殊因子之间以及特殊因子与主因子之间都是相互独立的。

---

① 数据来自 X 省教育厅 2009 年的统计数据，其中 O3（毕业生工作签约率）项的数据来自 X 省教育科学"十一五"规划课题"X 省高等教育规模扩展与劳动力市场衔接研究"2009 年的抽样调查数据。

表6-6　X省10所省属高校关于14项投入指标标准化处理后的数据

学校名称	I1	I2	I3	I4	I5	I6	I7	I8	I9	I10	I11	I12	I13	I14
BK1	1.6810	1.2705	1.7806	0.3416	1.7583	1.4430	0.1959	0.7261	0.3456	0.8005	1.2467	-1.3042	1.8245	1.5722
BK7	-0.1629	-0.2143	0.1950	-0.1689	-0.0667	-0.4306	-0.5091	-0.5475	-0.5243	0.1096	0.0229	0.4230	-0.1155	-0.1446
BK2	1.4508	1.6065	1.4888	-0.5518	0.9466	1.2336	1.7901	1.9199	2.4229	1.9650	1.7916	2.3016	1.3157	1.0385
BK3	1.4408	1.6525	1.2521	1.1761	1.4641	1.9291	1.8775	1.8826	0.6489	1.4367	1.3197	1.0423	1.4083	1.9741
BK6	-0.1140	-0.0490	-0.2730	0.3416	0.1143	0.0495	0.7015	-0.5254	0.4887	0.3270	-0.1762	0.4410	0.1348	-0.0558
BK4	0.3333	0.2870	0.2666	-1.1802	0.7490	-0.2365	0.1330	0.3384	-0.0063	0.1784	0.1224	0.1667	0.1579	0.0660
BK5	-0.8245	-0.7724	-0.8401	0.6999	-0.9396	-0.6023	-0.4339	-0.8316	-0.8834	-0.8325	-1.1342	-0.2686	-0.7697	-0.8769
BK12	-1.0532	-1.0678	-1.0328	0.5183	-0.8510	-1.0646	-1.0065	-0.7590	-0.7200	-1.0179	-0.8250	-0.8605	-0.7978	-0.8763
BK8	-1.0273	-1.1165	-0.9447	-2.4221	-1.1064	-1.1753	-1.1602	-0.7078	-1.6472	-1.2133	-1.3934	-1.1177	-1.1394	-1.0183
BK9	-0.5023	-0.2630	-0.6143	-0.1591	-0.5527	-0.1078	-0.3492	-0.3636	-0.1715	-0.4863	-0.2355	-0.2411	-0.5770	-0.4751
BK11	-0.6174	-0.6966	-0.6749	0.6018	-0.8068	-0.5555	-0.5056	-0.4928	0.1509	-0.4879	-0.0450	0.0436	-0.7448	-0.6104
BK10	-0.6044	-0.6369	-0.6033	0.8030	-0.7091	-0.4826	-0.7335	-0.6392	-0.1044	-0.7794	-0.6940	-0.6263	-0.6970	-0.5934

表 6-7　X 省 10 所省属高校关于 5 项产出指标标准化处理后的数据

学校名称	O1	O2	O3	O4	O5
BK1	1.4940	2.0841	0.2220	1.5440	1.1099
BK7	−0.6574	0.4018	−0.2529	−0.7284	−0.2882
BK2	1.2981	0.9640	1.6248	1.1282	1.5048
BK3	2.0748	1.2609	1.8428	2.0774	1.9192
BK6	−0.5612	−0.5776	−0.1955	−0.1323	0.0163
BK4	−0.4151	0.0595	0.8752	−0.4061	0.0159
BK5	−0.5698	−0.6978	−0.6104	−0.5739	−0.6023
BK12	−0.6488	−1.1442	−1.4960	−0.8245	−0.9873
BK8	−0.6798	−1.1265	0.0614	−0.7504	−1.3023
BK9	−0.2502	−0.2020	−0.6563	−0.2974	−0.2598
BK11	−0.5389	−0.5826	−0.7097	−0.2767	−0.5941
BK10	−0.5457	−0.4396	−0.7079	−0.7599	−0.5320

（二）因子分析法的操作步骤

1. 对原始变量进行标准化处理

由于原始变量往往具有不同的计量单位，因此在进行因子分析、构建各变量与主因子的线性组合时，应将不同单位的原始数据进行转换，通过对数据进行标准化处理实现原始变量的无量纲化。

将原始变量进行标准化处理后的因子分析模型可表示如下：

$$\begin{cases} x'_1 = b_{11}f_1 + b_{12}f_2 + \cdots + b_{1k}f_k + \varepsilon_1 \\ x'_2 = b_{21}f_1 + b_{22}f_2 + \cdots + b_{2k}f_k + \varepsilon_2 \\ x'_3 = b_{31}f_1 + b_{32}f_2 + \cdots + b_{3k}f_k + \varepsilon_3 \\ \cdots \\ x'_p = b_{p1}f_1 + b_{p2}f_2 + \cdots + b_{pk}f_k + \varepsilon_p \end{cases} \qquad (6-1)$$

用矩阵表示为：

$X' = BF + \varepsilon$，

式中，$X' = (x'_1,\ x'_2,\ \cdots,\ x'_p)$，$F = (f_1,\ f_2,\ \cdots,\ f_k)(k < p)$，$\varepsilon = (\varepsilon_1,\ \varepsilon_2,\ \cdots,\ \varepsilon_p)$。

$$
矩阵\ B = \begin{pmatrix} b_{11} & b_{12} & \cdots & b_{1k} \\ b_{21} & b_{22} & \cdots & b_{2k} \\ b_{31} & b_{32} & \cdots & b_{3k} \\ \vdots & & \ddots & \\ b_{p1} & b_{p2} & \cdots & b_{pk} \end{pmatrix}
$$

式（6-1）中，$x'_1 \sim x'_p$ 是对原始变量进行均值为 0、标准差为 1 标准化后的变量。f_j 为第 j 个主因子，b_{ij} 称为 x_i 在主因子 f_j 上的载荷（以下简称因子载荷），其统计意义为第 i 个变量与第 j 个主因子的相关系数，反映 f_j 对 x_i 的影响程度，矩阵 B 称为因子载荷矩阵。

2. 检测变量是否适合进行因子分析

首先，计算原始变量之间的相关系数。因子分析是针对具有相关关系的变量采用的一种分析方法。通过计算相关系数矩阵，判断原有变量之间是否具有较强的相关关系，若没有则不满足进行因子分析的前提条件。

其次，对原始变量进行 KMO 检验。KMO（Kaiser-Meyer-Olkin）测度是用于比较变量间简单相关系数和偏相关系数的指标。KMO 统计量的取值在 0～1。当所有变量间的简单相关系数平方和远远大于偏相关系数平方和时，KMO 值接近 1。KMO 值越接近 1，意味着变量间的相关性越强，原有变量越适合作因子分析。当所有变量间的简单相关系数平方和接近 0 时，KMO 值接近 0。KMO 值越接近 0，意味着变量间的相关性越弱，原有变量越不适合作因子分析。一般而言，当 KMO 测度>0.5 时，表示可以进行因子分析；当 KMO 测度>0.7 时，表示很适合进行因子分析。

3. 提取主因子

因子载荷矩阵 B 中第 j 列 p 个元素的平方和 $S_j = \sum_{i=1}^{p} a_{ij}^2 (j = 1, \cdots, k)$ 称为第 j 个主因子对 X' 的方差贡献率。分析时提取各项变量相关系数矩阵的特征值较大的因子作为主因子（一般提取特征值大于 1 的因子作为主因子），并且根据这些主因子的累积方差贡献率判断它们能否很好地反映原始变量的数据信息。累积方差贡献率越高，说明主因子的反映效果越好。

4. 建立旋转后的因子载荷矩阵

确定主因子后，便可对提取的几个主因子建立原始因子载荷矩阵，再对原始因子载荷矩阵进行方差最大旋转。通过变换原始坐标实现因子旋转，因子载荷在新坐标系中进行重新分配。这样一来，因子载荷系数向更大（向1）或更小（向0）的方向变化，从而简化对主因子的解释。

5. 计算因子得分

因子得分就是每个观测量的主因子的值，可以把主因子表达成各观测变量的线性组合形式。将提取的主因子所对应特征向量作为因子得分系数，并利用回归方法分别求得观测变量在各主因子上的得分。

6. 计算评估对象的综合得分

计算各主因子旋转后的方差贡献率，旋转后各主因子的方差贡献率与观测变量在各因子上的得分乘积之和再除以主因子的累积方差贡献率的值表示观测变量的综合得分。

（三）因子分析法的优势分析

在有关高校绩效评估的研究中，学者们常用的量化研究方法有层次分析法、数据包络分析法和平衡计分卡法。但是这三种方法都存在不同程度的缺陷：层次分析法无法处理高校绩效指标之间的相关性，使具有相关性的绩效指标有可能被重复计算权重，进而夸大某一因素的重要性。数据包络分析法对指标的规模要求比较严格，评估对象的个数与投入、产出的指标个数一般要符合一定的比例才能取得较为满意的评估结果。平衡计分卡在具体实施时需要对高校绩效评估的每个方面制定详细而明确的目标和指标体系，并且要确定结果与驱动因素之间的关系。可是多数情况下，结果与驱动因素之间的关系并不明显或不容易量化。[①]

相比之下，采用因子分析法研究高校绩效评估问题具有一定的优势。第一，因子分析法能解决指标之间的相关性问题。因子分析法是通过客观的方法，从既有的绩效数据出发，探索绩效指标与组织绩效之间的相关性。因子分析法不但能分析二者是否相关，而且还能量化出绩效指标对组织绩效的影响程度。第二，因子分析法具有简便性的优点。因子分析法能够把大量的数据浓缩成少量的涵盖大部分信息量的因子。因子分析法通过对原始变量数据进行降维处理，可以浓缩数据信息，简化指标的结构，用最少的综合指标概括和揭示大量的绩效信息，从而达到用最简洁的绩效指标评估高校绩效水平的目的。第三，因子分析法具有明确性的优点。绩效评估指标的选取要根据组织绩效涵盖的信息进行筛选，要能明确体现绩效评估的目的。因子分析法能够量化每个指标对组织绩效的影响程度，很

---

① 山西大学省部共建办公室等. 省部共建高校战略发展研究［M］. 太原：山西教育出版社，2008.

容易确定绩效指标。第四，因子分析法具有客观性的优点。由于使用因子分析法获得的指标权重是根据客观的绩效评估数据从数学变换中客观生成的，因此在高校绩效评估中运用因子分析法能够保证评估的客观性，可以防止对评估结果的主观操纵。第五，因子分析法具有灵活性的优点。因子分析法具有很大的灵活性，能够对各指标变量进行分类并针对每一类别分别进行排序，而且在此基础上能够对整体指标进行评估。这就使高校绩效评估指标体系既能分割测定高校某一项内容的绩效，又能有效整合评估高校的整体绩效。①

有关高校绩效评估问题的研究存在以下问题：一是高校投入与产出的多元性和复杂性使指标之间通常具有较强的相关性；二是指标之间权重的确定直接影响绩效评估的结果，不合理的权重分配会导致对某些因素的估计出现过高或过低的现象，导致评估结果无法反映高校的真实绩效。因子分析法具有的优点既可以解决绩效评估指标之间的相关性问题，又可以确定每个绩效指标的权重，而且通过评估的结果可以发现评估对象在绩效方面的薄弱环节，从而为有效的绩效改进指明方向。因此，本书在评估方法上采用了因子分析法。

第三节　X 省属高校绩效评估

一、X 省属高校绩效评估结果

将 2009 年 X 省属高校的 14 项投入指标和 5 项产出指标标准化处理后的数据用 SPSS 22.0 统计软件进行处理，通过因子分析法分别计算出各高校投入与产出的评估综合分数，然后用产出评估综合分数减去投入评估综合分数的差值来表示各高校的绝对绩效得分。绝对绩效得分可以衡量各高校的办学绩效水平，分值越高，说明绩效水平越高。

（一）投入评估综合得分

表 6-8 列出了 14 个投入变量之间的相关系数矩阵，我们可以看出，除了变

---

① 张国玉，余斌. 高校绩效评估量化方法研究评价——论因子分析法在高校绩效评估中的应用[J]. 大学·研究与评价，2007（12）：48-53.

表6-8 14个投入变量之间的相关系数矩阵

	I1	I2	I3	I4	I5	I6	I7	I8	I9	I10	I11	I12	I13	I14
I1	1.000	0.985	0.990	0.150	0.973	0.954	0.838	0.915	0.754	0.936	0.950	0.485	0.989	0.974
I2	0.985	1.000	0.963	0.172	0.948	0.969	0.905	0.950	0.799	0.964	0.957	0.591	0.969	0.969
I3	0.990	0.963	1.000	0.108	0.959	0.919	0.783	0.884	0.719	0.920	0.940	0.462	0.980	0.953
I4	0.150	0.172	0.108	1.000	0.144	0.329	0.237	0.082	0.258	0.159	0.217	0.093	0.211	0.258
I5	0.973	0.948	0.959	0.144	1.000	0.910	0.788	0.849	0.659	0.886	0.896	0.393	0.976	0.960
I6	0.954	0.969	0.919	0.329	0.910	1.000	0.882	0.904	0.746	0.908	0.917	0.497	0.951	0.976
I7	0.838	0.905	0.783	0.237	0.788	0.882	1.000	0.896	0.847	0.941	0.851	0.794	0.825	0.843
I8	0.915	0.950	0.884	0.082	0.849	0.904	0.896	1.000	0.787	0.921	0.914	0.651	0.875	0.905
I9	0.754	0.799	0.719	0.258	0.659	0.746	0.847	0.787	1.000	0.875	0.866	0.782	0.732	0.684
I10	0.936	0.964	0.920	0.159	0.886	0.908	0.941	0.921	0.875	1.000	0.958	0.749	0.923	0.906
I11	0.950	0.957	0.940	0.217	0.896	0.917	0.851	0.914	0.866	0.958	1.000	0.626	0.932	0.921
I12	0.485	0.591	0.462	0.093	0.393	0.497	0.794	0.651	0.782	0.749	0.626	1.000	0.442	0.446
I13	0.989	0.969	0.980	0.211	0.976	0.951	0.825	0.875	0.732	0.923	0.932	0.442	1.000	0.974
I14	0.974	0.969	0.953	0.258	0.960	0.976	0.843	0.905	0.684	0.906	0.921	0.446	0.974	1.000

量 I4 与其他变量之间的相关系数偏小以外，其余变量之间都有较强的相关关系，这说明投入变量具备进行因子分析的前提条件。此外，本书检测得到 14 个变量的 KMO 测度值为 0.713，因此这 14 个投入变量适合进行因子分析。

表 6-9 列出了各项投入变量相关系数矩阵的特征值与方差贡献率，相关系数矩阵中前三个因子的特征值大于 1，分别为 11.332、1.124、1.020，并且这三项指标的累计方差贡献率为 96.257%。因此，前三个因子能够很好地反映所有投入变量的信息，可以提取它们作为投入主因子，并分别记作 IF1、IF2、IF3。首先，对提取的三个投入变量主因子 IF1、IF2、IF3 建立原始因子载荷矩阵（见表 6-10）。其次，为了简化对各因子所代表意义的解释，需要对原始因子载荷矩阵进行方差最大旋转。表 6-11 是旋转后并对载荷值按大小重新排列后的因子载荷矩阵。

表 6-9　相关系数矩阵的特征值与贡献率[①]

因子序号	特征值	方差贡献率（%）	累积贡献率（%）
1	11.332	80.940	80.940
2	1.124	8.030	88.970
3	1.020	7.287	96.257
4	0.226	1.615	97.872
5	0.122	0.868	98.740
6	0.089	0.636	99.376
7	0.040	0.288	99.665
8	0.025	0.180	99.845
9	0.014	0.099	99.944
10	0.005	0.037	99.981
11	0.003	0.019	100.000
12	0.000	0.000	100.000
13	0.000	0.000	100.000
14	0.000	0.000	100.000

① 12~14 项因子的特征值较小，故保留 3 位小数后近似为 0。

表 6-10　原始因子载荷矩阵

变量	因子序号		
	IF1	IF2	IF3
教职工人数	0.978	−0.195	−0.036
专任教师数	0.994	−0.067	−0.036
教授、副教授人数	0.955	−0.231	−0.073
生师比	0.219	0.153	0.962
财政拨款	0.935	−0.297	−0.019
图书数量	0.963	−0.116	0.148
固定资产总额	0.922	0.281	−0.003
教学仪器设备资产总值	0.946	0.044	−0.141
占地总面积	0.842	0.415	0.021
校舍建筑总面积	0.981	0.137	−0.081
教学行政用房总面积	0.973	0.020	0.000
学生宿舍总面积	0.637	0.728	−0.172
事业性经费支出	0.965	−0.227	0.036
教职工工资福利支出	0.962	−0.222	0.084

表 6-11　旋转后的因子载荷矩阵

变量	因子序号		
	IF1	IF2	IF3
财政拨款	*0.957*	0.214	0.041
事业性经费支出	*0.946*	0.278	0.108
教职工人数	*0.942*	0.324	0.043
教授、副教授人数	*0.942*	0.288	−0.001
教职工工资福利支出	*0.940*	0.272	0.156
专任教师数	*0.892*	0.441	0.062
图书数量	*0.886*	0.351	0.233
教学行政用房总面积	0.829	*0.499*	0.108
教学仪器设备资产总值	0.797	*0.530*	−0.031
校舍建筑总面积	0.778	*0.616*	0.045
固定资产总额	0.653	*0.696*	0.136
占地总面积	0.516	*0.766*	0.169

续表

变量	因子序号		
	IF1	IF2	IF3
学生宿舍总面积	0.184	**0.965**	0.001
生师比	0.090	0.070	**0.992**

根据旋转后因子载荷矩阵中投入主因子在各变量上的载荷值大小，分别对 IF1、IF2 和 IF3 三个投入主因子命名如下：

1. 软件投入因子

第一主因子 IF1 在变量财政拨款、事业性经费支出、教职工人数、教授、副教授人数、教职工工资福利支出、专任教师数、图书数量上有较高的载荷值。这七个指标主要体现了高校的软件建设投入状况，因此将第一主因子 IF1 命名为软件投入因子。

2. 硬件投入因子

第二主因子 IF2 在变量教学行政用房总面积、教学仪器设备资产总值、校舍建筑总面积、固定资产总额、占地总面积、学生宿舍总面积等几方面有较高的载荷值。这六个指标主要体现了高校的硬件建设投入状况，因此将第二主因子 IF2 命名为硬件投入因子。

3. 生师比因子

第三主因子 IF3 只在变量生师比上有较高的载荷值，直接命名为生师比因子。

表 6-12 呈现出旋转后各投入主因子的方差贡献率和累积方差贡献率。其中第一主因子 IF1 的方差贡献率最高为 62.240%，说明反映高校投入的主要方面是软件投入，其次是硬件投入。生师比因子的方差贡献率为 8.163%，可见生师比在反映高校投入的重要性方面差一些。

表 6-12　旋转后投入主因子分析表

因子序号	特征值	方差贡献率（%）	累计方差贡献率（%）
IF1（软件投入因子）	8.714	62.240	62.240
IF2（硬件投入因子）	3.620	25.854	88.094
IF3（生师比因子）	1.143	8.163	96.257

将提取的三个投入主因子 IF1、IF2、IF3 所对应的特征向量作为因子得分系数，利用回归法分别求得 12 所高校分别在三个投入主因子上的得分。表 6-13 列出了 12 所高校在三个投入主因子上的得分，可以看出 12 所高校在三个主因子上的得分特征各不相同。在软件投入因子（IF1）的得分中，BK1 最高，其次为 BK2、BK3 等高校，BK5 得分最低。在硬件投入因子（IF2）的得分中，BK2 远远高于其他高校，其次为 BK3、BK6 等高校，BK1 得分最低。在生师比因子（IF3）的得分中，BK3 最高，其次为 BK10 和 BK5，BK8 得分最低。

表 6-13　X 省 12 所省属高校分别在三个投入主因子上的得分

学校名称	IF1	IF2	IF3
BK1	2.26625	−1.63801	0.28998
BK7	−0.16423	−0.01028	−0.25978
BK2	0.68650	2.41779	−0.78456
BK3	1.40771	0.61472	0.98337
BK6	−0.31083	0.60235	0.43789
BK4	0.35972	0.03485	−1.28708
BK5	−0.89447	−0.26502	0.76399
BK12	−0.83112	−0.64409	0.59786
BK8	−0.59307	−0.99628	−2.28239
BK9	−0.45211	−0.03926	−0.03354
BK11	−0.84759	0.31304	0.67131
BK10	−0.62676	−0.38982	0.90295

用旋转后各投入主因子的方差贡献率与各因子得分乘积之和再除以主因子的累积方差贡献率便可以得到各高校的投入评估综合分数。计算公式为：

高校投入评估综合分数 =（IF1 * 62.240+IF2 * 25.854+IF3 * 8.163）/96.257

表 6-14 是通过计算得到的 12 所省属高校的投入评估综合分数，其中分数最高的是 BK3，最低的是 BK8。数据显示 12 所省属高校中只有 BK1、BK2、BK3 和 BK4 4 所高校的投入评估综合分数大于 0，BK6 等 8 所高校的投入评估综合分数都小于 0。如果以 0 作为评估基准，投入评估综合分数大于 0 的高校投入水平相对较高，而小于 0 的高校投入水平相对较差。根据 12 所高校的投入评估综合分数，可以对它们的投入水平做出判断。虽然计算得到的高校投入评估综合分数只

是相对反映高校的投入水平，但是这一数据结果也在一定程度上反映出X省属本科院校的整体教育资源投入不足。

表6-14　X省属高校投入评估综合分数

学校名称	投入评估综合分数	排名
BK3	1.15873	1
BK1	1.05000	2
BK2	1.02676	3
BK4	0.13281	4
BK6	−0.00206	5
BK7	−0.13098	6
BK9	−0.30572	7
BK11	−0.40704	8
BK10	−0.43339	9
BK5	−0.58476	10
BK12	−0.65970	11
BK8	−0.84463	12

（二）产出评估综合得分

表6-15列出了12所高校5个产出变量间的相关系数矩阵，可以看出产出变量之间有较强的相关关系，相关系数均在0.6以上，说明产出变量具备因子分析的前提条件。同时，检测得到5个变量的KMO测度值为0.827。因此，这5个产出变量完全适合进行因子分析。

表6-15　5个产出变量之间的相关系数矩阵

	O1	O2	O3	O4	O5
O1	1.000	0.866	0.762	0.983	0.937
O2	0.866	1.000	0.667	0.857	0.883
O3	0.762	0.667	1.000	0.757	0.822
O4	0.983	0.857	0.757	1.000	0.944
O5	0.937	0.883	0.822	0.944	1.000

在产出变量相关系数矩阵的特征值中（见表 6-16），前两个因子的特征值相对较大，并且累计方差贡献率达到 95.259%，说明这两个因子能够很好地反映五项产出变量的数据信息。因此，提取前两个因子为产出主因子，分别记作 OF1 和 OF2。

表 6-16 相关系数矩阵的特征值与贡献率

因子序号	特征值	方差贡献率（%）	累计方差贡献率（%）
1	4.403	88.067	88.067
2	0.360	7.193	95.259
3	0.168	3.355	98.615
4	0.054	1.072	99.686
5	0.016	0.314	100.000

表 6-17 是产出主因子 OF1 和 OF2 的原始因子载荷矩阵。为了简化对各因子所代表意义的解释，需要对原始因子载荷矩阵进行方差最大旋转。表 6-18 是旋转后并对载荷值按大小重新排列后的因子载荷矩阵。

表 6-17 原始因子载荷矩阵

变量	因子序号	
	OF1	OF2
在国内核心期刊和 SCI、EI 等发表、收录论文篇数	0.973	−0.103
毕业生人数	0.913	−0.263
毕业生工作签约率	0.849	0.519
成人教育在校生人数	0.971	−0.104
折合当量在校学生数	0.979	0.001

表 6-18 旋转后的因子载荷矩阵

变量	因子序号	
	OF1	OF2
毕业生人数	*0.899*	0.308
在国内核心期刊和 SCI、EI 等发表、收录论文篇数	*0.856*	0.473
成人教育在校生人数	*0.856*	0.471

变量	因子序号	
	OF1	OF2
折合当量在校学生数	**0.802**	0.562
毕业生工作签约率	0.399	**0.912**

根据旋转后因子载荷矩阵中产出主因子在各变量上的载荷值大小，分别对OF1和OF2两个产出主因子命名如下：

1. 办学产出因子

第一主因子OF1在变量毕业生人数、在国内核心期刊和国外的SCI、EI等发表、收录论文篇数、成人教育在校生人数、折合当量在校学生数上有较高的载荷值。这四个变量主要体现了高校的办学产出状况，因此将第一主因子命名为办学产出因子。

2. 毕业生工作签约率因子

第二主因子OF2只在变量毕业生工作签约率上有较高的载荷值，因此直接将其命名为毕业生工作签约率因子。

表6-19呈现了旋转后各产出主因子的方差贡献率和累计方差贡献率。其中第一主因子OF1的方差贡献率最高为61.495%，说明反映高校产出的主要方面是办学产出，其次是毕业生工作签约率。

表6-19　旋转后产出主因子分析表

因子序号	特征值	方差贡献率（%）	累计方差贡献率（%）
OF1（办学产出因子）	3.075	61.495	61.495
OF2（毕业生工作签约率因子）	1.688	33.764	95.259

将提取的两个产出主因子OF1和OF2所对应的特征向量作为因子得分系数，利用回归法分别求得12所高校在两个产出主因子上的得分。表6-20列出了12所省属高校在两个产出主因子上的得分，我们可以看出12所高校在两个产出主因子上的得分特征各不相同。在办学产出因子（OF1）的得分中，BK1最高，其次为BK2、BK3等高校，BK8得分最低。在毕业生工作签约率因子（OF2）的得分中，BK3最高，其次为BK2、BK4等高校，BK12得分最低。

表 6-20 12 所高校分别在两个产出主因子上的得分

学校名称	OF1	OF2
BK1	2.33092	−0.90312
BK7	−0.12591	−0.40525
BK2	0.59293	1.56611
BK3	1.29423	1.56970
BK6	−0.44620	0.10238
BK4	−0.83129	1.19435
BK5	−0.50776	−0.40595
BK12	−0.36259	−1.34917
BK8	−1.43521	0.60902
BK9	0.08312	−0.72432
BK11	−0.25826	−0.62491
BK10	−0.33397	−0.62884

用旋转后各产出主因子的方差贡献率与各因子得分乘积之和再除以主因子的累积方差贡献率，便得到各高校的产出评估综合分数。计算公式为：

高校产出评估综合分数＝（OF1×61.495+OF2×33.764）/95.259

表 6-21 是通过计算得到的 12 所高校的产出评估综合分数，其中分数最高的是 BK3，最低的是 BK12。数据显示 12 所高校中只有 BK1、BK2 和 BK3 3 所高校的产出评估综合分数大于 0，BK4 等 9 所高校的产出评估综合分数都小于 0。如果以 0 作为评估基准，产出评估综合分数大于 0 的高校的产出水平相对较高，而小于 0 的高校的产出水平相对差一些。根据 12 所高校的产出评估综合分数，可以对它们的产出水平做出基本判断。虽然计算得到的高校产出评估综合分数只是相对地反映高校的产出水平，但是这一数据结果也在一定程度上反映出 X 省属高校的整体教育产出水平偏低。

表 6-21 12 所高校产出评估综合分数

学校名称	产出评估综合分数	排名
BK3	1.39187	1
BK1	1.18463	2
BK2	0.93787	3

学校名称	产出评估综合分数	排名
BK4	−0.11331	4
BK9	−0.20307	5
BK7	−0.22492	6
BK6	−0.25176	7
BK11	−0.38822	8
BK10	−0.43848	9
BK5	−0.47167	10
BK8	−0.71064	11
BK12	−0.71228	12

（三）绩效水平分析

得到高校投入与产出的评估综合分数后，计算各高校的绝对绩效得分（绝对绩效得分＝产出评估综合分数−投入评估综合分数）可以反映出12所高校的办学绩效水平，并对它们进行绩效排名（见表6-22）。

表6-22　12所高校绝对绩效得分及排名

学校名称	绝对绩效得分	排名
BK3	0.23314	1
BK1	0.13464	2
BK8	0.13399	3
BK5	0.11309	4
BK9	0.10265	5
BK11	0.01883	6
BK10	−0.00509	7
BK12	−0.05258	8
BK2	−0.08889	9
BK7	−0.09394	10
BK4	−0.24612	11
BK6	−0.2497	12

从数据结果来看，在12所高校的绝对绩效得分中，排名第一的是BK3，BK6

排在最后。其中，BK3、BK1、BK8、BK5、BK9 和 BK11 6 所高校的绝对绩效得分大于 0；BK10 等其余 6 所高校的绝对绩效得分小于 0。如果以 0 作为评估基准，那么绝对绩效得分大于 0 的高校基于投入—产出的绩效评估表现为正效益，而绝对绩效得分小于 0 的高校基于投入—产出的绩效评估则表现为负效益。因此，我们可以认为 BK3 等 6 所绝对绩效得分大于 0 的高校绩效表现为正效益，而 BK10 等 6 所绝对绩效得分小于 0 的高校绩效表现为负效益。

二、X 省属高校的绩效类型

对比 X 省属高校的绝对绩效得分、投入评估综合分数以及产出评估综合分数排名，我们可以看出，投入分数排名靠后的高校，绩效水平排名不一定靠后；产出分数排名靠前的高校，绩效水平排名也不一定靠前（见表 6-23）。

表 6-23　高校投入、产出分数排名和绩效水平排名比较

学校名称	投入得分排名	产出得分排名	绩效水平排名
BK3	1	1	1
BK1	2	2	2
BK8	12	11	3
BK5	10	10	4
BK9	7	5	5
BK11	8	8	6
BK10	9	9	7
BK12	11	12	8
BK2	3	3	9
BK7	6	6	10
BK4	4	4	11
BK6	5	7	12

如果将 12 所高校按照绩效水平排名分为两组，排在前六名的为高绩效组，排在后六名的为低绩效组，将投入得分排名在前六名和后六名的高校划分为高投入学校和低投入学校，将产出得分排名在前六名和后六名的高校划分为高产出学校和低产出学校。通过对比，我们发现，在高绩效组中，BK3、BK1 属于高投入—高产出类型的高校，BK8、BK5 和 BK11 属于低投入—低产出类型，BK9 属

于低投入—高产出类型。在低绩效组中，BK10 和 BK12 属于低投入—低产出类型的高校，BK2、BK7 和 BK4 属于高投入—高产出类型，BK6 属于高投入—低产出类型。以上分析结果说明，尽管 12 所高校的投入与产出存在较大的差异，但绩效水平的高低与投入、产出的高低并不是对应的，即便是投入和产出都偏高的高校也会出现绩效水平偏低的现象。因此，能否合理、有效地利用教育资源才是真正影响高校绩效水平的关键因素。

三、X 省属高校投入与产出的差异比较

X 省 12 所省属高校，由于在学校类别、办学层次、办学规模以及专业结构方面都有所不同，因此其投入与产出必定会存在一定程度的差异。表 6-24 是对 X 省 12 所省属高校 14 项投入指标变量的差异描述结果。在 14 项投入变量中，只有生师比的极差值最小为 7.33，差异系数也最低为 0.10。其余变量的极差值都很大，差异系数均在 0.47 以上，其中教学仪器设备资产总值的差异系数最高为 0.84。这说明 12 所高校的投入水平存在一定差距，并且在个别投入指标上的差距表现较为明显。

表 6-24　X 省属高校 14 项投入变量差异描述

投入变量	最小值	最大值	极差	平均值	标准差	差异系数
教职工人数（人）	522	2423	1901	1254.25	695.29	0.55
专任教师数（人）	366	1388	1022	778.08	369.08	0.47
教授、副教授人数（人）	115	626	511	302.58	181.63	0.60
生师比	14.73	22.06	7.33	19.66	2.04	0.10
财政拨款（万元）	5177.33	25925.51	20748.18	13190.65	7242.54	0.55
图书数量（万册）	37.71	182.41	144.7	92.49	46.61	0.50
固定资产总额（万元）	10791.81	105080.8	94288.99	46804.21	31039.01	0.66
教学仪器设备资产总值（万元）	2757.81	24132.45	21374.64	9218.15	7768.38	0.84
占地总面积（平方米）	80667	1620001	1539334	703638.42	378202.56	0.54
校舍建筑总面积（平方米）	153255	768454	615199	388104.67	193563.53	0.50
教学行政用房总面积（平方米）	61117	384270	323153	202490.00	101461.87	0.50
学生宿舍总面积（平方米）	26704	200315	173611	89497.75	48147.67	0.54
事业性经费支出（万元）	7578.57	39086.14	31507.57	19690.97	10630.56	0.54
教职工工资福利支出（万元）	2620.54	13961.24	11340.7	6479.79	3789.82	0.58

表 6-25 是 X 省 12 所省属高校 5 项产出指标变量的差异描述结果。统计结果显示，在 5 项产出变量中，在国内核心期刊和国外 SCI、EI 等发表、收录论文篇数的差异系数最高为 1.40，成人教育在校生人数、毕业生人数、折合当量在校学生数和毕业生工作签约率的差异系数依次降低，分别为 1.10、0.55、0.49 和 0.31。数据结果说明 X 省 12 所省属高校无论是在人力、物力和财力的投入上，还是在人才培养、科学研究和社会服务职能的产出上都存在一定的差距。导致这种状况的原因不仅是政府对各高校的财政投入差异，也与高校自身的管理体制、教育资源利用效率密切相关。

表 6-25   X 省属高校 5 项产出变量差异描述

产出变量	最小值	最大值	极差	平均值	标准差	差异系数
在国内核心期刊和 SCI、EI 等发表、收录论文篇数（篇）	20	1623	1603	415.58	581.94	1.40
毕业生人数（人）	1245	7073	5828	3310.67	1805.27	0.55
毕业生工作签约率（%）	19.44	57.94	38.5	36.69	11.53	0.31
成人教育在校生人数（人）	509	18260	17751	5552.42	6117.09	1.10
折合当量在校学生数（人）	6052.2	31874.4	25822.2	16490.93	8015.77	0.49

四、X 省属高校在资源利用方面存在的问题

在高校的办学过程中，合理的财政拨款制度和高校有效的管理方式直接影响到教育资源的利用状况。对 X 省而言，政府对高校的拨款制度和高校的管理体制都存在一定的不足，主要表现在以下四个方面：

（一）政府和高校对教育经费的使用绩效不够重视

一方面，教育主管部门和财政部门在对高校制定教育经费预算时并没有将基于投入产出的绩效评估因素考虑在内，导致财政拨款不能与高校的绩效水平联系起来。另一方面，许多高校在使用教育经费时缺乏理性，没有制定明确的教育经费绩效考评制度，不追求资金的使用效率，导致政府的财政拨款并不能实现效益最大化。

（二）教育资源的使用缺乏绩效考核管理机制

许多高校对教育资源的使用没有建立起完善的绩效考核管理制度，在学校的运行过程中没有形成有效的激励和约束机制，导致高校教育资源的使用效率偏

低，无法利用有限的教育投入更好地实现高等教育的发展目标，也难以体现出高校的绩效水平，不利于政府在未来资金使用的监督和规划。

（三）教育经费的支出规划不尽合理

高校在对教育经费的支出进行规划时，有时会将部分资金投入到一些与实现教育目标无关的非业务性的项目上，这必然会减少在教学与科研方面的资金投入。这种不合理的经费支出会在一定程度上影响高校的办学质量，也降低了教育经费的使用效率，使有限的教育经费不能在教学与科研中发挥最大的作用。

（四）高校存在一定的资源浪费现象

高校在教育资源利用方面有一定的浪费现象，例如重复购置一些教学设备、造成部分设备闲置。对于已经闲置的资产，高校可以发挥它们的经济效益，根据实际情况，通过将其出售或出租的方式从中获得一些经费收入。然而在这方面，许多高校做得不是很到位，造成了资源的浪费。

第七章　X省属本科高校财政
拨款方式的制度设计

第一节　拨款公式的初步设计

一、高等教育财政拨款改革的发展方向

本书初步形成进一步完善高校财政拨款体制的改革思路：按照科学化和精细化的管理要求，构建内容更加齐全、导向更加明确、结构更加合理、核定更加科学的高等教育拨款体系。高校具有教学、科研和服务社会三大社会职能，完善高等教育拨款制度，从内容上讲，应设立与三大社会职能相对应的教学、科研和服务社会补偿经费，并根据各自特点制定相应的核定办法，使经费的核定和管理更加科学，同时方便财政支出的绩效考核。从导向上看，教育拨款应充分体现专业办学成本差异和国家宏观政策导向，从而解决低成本专业无序扩张、人才培养与社会需求相脱节等问题。

高校预算拨款制度是高等教育财政政策的核心内容之一，也是政府对高等教育进行宏观调控的重要手段。其根本目的在于以坚持教育公益性为基本原则，在确保财政投入不断增加的同时，充分发挥财政投入的宏观政策导向作用，引导高校科学规划、合理定位、特色办学、持续发展，实现科学化和精细化管理的要求。目前X省属高校拨款制度存在以下问题：基本支出财政补助水平偏低，财政拨款体系不能完全体现高校人才培养、科学研究和社会服务三大职能；财政支持手

段导向不明确，不能实现分类支持和引导；缺乏高校绩效监测和考评机制等问题。为解决以上问题，X省高校预算拨款制度改革的总体思路是：细化综合定额，体现办学差异；稳定专项投入，明确支持重点；增加绩效拨款，构建激励机制。

二、分学科综合定额拨款公式的初步设计

无论是分学科拨款还是分院校类型拨款，都体现了依据办学成本差异进行拨款的思想。按生均定额法制定拨款标准目前可供选择的方式有三种：

第一，根据学校某时期的实际支出数据制定。这种方式的缺点是，制定的定额标准只能反映前段时期的学校支出水平。当资金供给显著增加时，这种定额无法合理地完成对资金的分配。

第二，根据办学标准制定。这种方式的困难在于办学标准若无法与办学成本相契合，定额标准将会存在较大的偏差。此外，办学标准的制定本身就是一个难题。

第三，根据实际支出数据或办学标准核定学科定额差异系数，并确定基准学科（差异系数一般为1），将各学科折合学生数乘以差异系数得到总折合学生数，然后以可得经费总量除以总折合学生数得到基准学科的生均定额，其他学科的生均定额由基准学科的生均定额乘以学科定额差异系数决定。这种方式的核心有两个：其一，要事先对经费供给总量有大致的估算，这需要根据财政资金总量以及分配给教育的资金总量来确定；其二，各学科定额差异系数的核定可以以学校实际支出水平作为基数确定。这种方法既考虑了资金供给因素，也考虑了需求因素，但资金供给总量又往往成为有争议的话题。

根据历史数据的比对结果，本书认为，在三种资金分配方案中，"方案一策略二"比较符合X省的拨款实际，建议采纳"方案一策略二"的资金分配方式进行拨款，并按照此方案计算的学科折算系数来分配财政资金。

根据以上分析，初步设计的拨款公式为：

$$FI_{grant} = \sum_{i=1}^{13} (X_i - P - T_i - A_i) \cdot N_i + PI$$

其中，FI_{grant} 为事业拨款收入，X_i 为某学科生均公用经费定额，P 为人员经费定额，T_i 为某学科学生学费标准，A_i 为某学科学生住宿费标准，N_i 为某学科折合学生数（全日制学生数，不包含留学生、成教生），PI 为项目拨款收入。

三、考虑绩效拨款的分学科综合定额拨款公式

为了提高高校资金的使用效率和突出重点学科（院校），我们需要对高校的

绩效进行研究。目前,用于高校绩效评估的方法一般有平衡记分卡法、数据包络法、层次分析法和因子分析法等。

为了在拨款公式中体现高校绩效差异,需要增加对绩效水平较高学校的财政拨款,以激励高校节约财政资金,提高资金的使用效益,体现办学导向和财政政策。此外,还需要将重点支持的院校和特色学科的生均综合拨款定额适当上调。考虑绩效拨款和财政政策的拨款公式为:

$$FI_{grant} = \Big[\sum_{i=1}^{13} (X_i \cdot \eta + P - T_i - A_i) \cdot N_i \Big] \cdot (1 + \varphi + \gamma) + PI$$

其中,FI_{grant} 为事业拨款收入,X_i 为某学科生均公用经费定额,P 为人员经费定额,T_i 为某学科学生学费标准,A_i 为某学科学生住宿费标准,N_i 为某学科折合学生数(全日制学生数,不包含留学生、成教生),PI 为项目拨款收入,η 为学科浮动因子(用于支持重点、特色学科,建议值域为 0~5%),φ 为绩效因子(用于支持资金使用效益较高的院校,建议值域为 0~5%),γ 为院校浮动因子(用于支持重点院校,建议值域为 0~10%)。

在预算编制与财政拨款过程中,首先,根据生均基础公用经费定额、学科折算系数和生均人员定额确定生均综合定额。其次,根据各高校的事业收入确定财政负担比例(生均综合定额合计减去学费住宿费合计再除以学科定额合计)。最后,根据财政负担比例确定财政拨款总额及各校分配额度,将各学科折合学生数乘以学科定额相加并进行调整,形成预算总额。

四、新拨款方式的优点与缺点

学科生均综合定额法在原方法的基础上进行了改进,与原方法相比,新方法具有如下几个显著的特点:

(1)学科生均综合定额是在各高校基本支出的历史数据测算基础上确定的,因而学科生均综合定额比较客观、准确地反映了各高校的基本支出需求。

(2)学生的学科差异因素代替学校类型因素成为拨款公式主要因子,不仅会对高校支出结构产生一定的影响,从长远看,还有可能会对学科结构产生一定影响。此外,还会促使高校更合理地在学科之间分配资源。

(3)体现公平性原则。公平性原则体现了高校人才培养这一最基本的功能。各学校财政拨款额度的差异主要体现在学科结构上,具有相同学科的不同学校得到了相同财政拨款。在最基本的层面上,相同学科的学生得到了相同的财政资源，不同学科的学生得到了与其学科教育教学活动所需资源相一致的财政资源。

（4）强化绩效导向。与投入拨款相对，绩效拨款是指根据高校的产出指标进行资源分配的拨款方式。绩效拨款的最初理念就是在高等教育中引入市场规则，一方面，督促高校把有限的资源用到实处，促使高等教育资源分配更加注重效率和公平。另一方面，以高校的绩效产出作为拨款标准，引入竞争机制，提高教育投资的效率，进而提高高等教育的办学质量和效益。

然而，学科生均综合定额也存在着一定的问题。首先，未充分考虑高等学校基本职能的划分，未考虑影响不同职能活动支出需求因素的不同，而是笼统地按学科归入统一标准。其次，未考虑不同学校内部资源分配的差异，未考虑不同学科学生在劳动力市场上表现的不同可能会影响财政拨款比例的确定。再次，影响人员经费支出的直接因素是各类人员的数量，学生数只是一个间接因素。因而，理想拨款公式的确定应该考虑人员经费拨款公式中的主要因子——各类人员数量。最后，现行高校会计制度、高校财务管理水平以及财务人员知识水平参差不齐对数据的收集造成了一定的负面影响，会加大定额误差。因此，还需对学科生均综合定额法做进一步评估。

上述问题的存在为学科生均综合定额法的进一步改进提供了方向。高校拨款改革的主要方向是拨款公式中考虑的因素越来越多，而多因素拨款公式需建立在以下工作的基础之上：①规范的高等学校会计科目，科目应符合高等学校的机构特点，并使高校财务人员易于理解与应用。②明确会计核算对象，可按不同类型的学生、部门、高校职能活动的构成进行核算。③进一步提高高校财务管理水平与财务人员知识水平。

第二节　X省属本科高校财政拨款模式实证分析

一、测算过程

生均定额法和成本结构法是目前高校预算编制和财政拨款常用的两种方法。成本结构法依据高校教育活动的功能划分成本。首先对高校的教育活动内容进行划分，不同的活动又受制于构成要素，再经过合理的测算，考虑构成要素的影响，以此作为编制预算的基础，这与高校的实际教育情况相符。但是成本构成法对实际数据的准确性要求比较高，需要财政部门的配合，比如需要详细记载高校各类活动的支出，要求会计科目详尽且规范。唯有如此，才能准确估算各种要素对支出标准的不同影响。但现实情况却是，现有数据和财务部门无法达到标准要求，所以实行此方式测算的预算结果会有一定的出入。而且，实际操作过程比较烦琐，可能会引发不必要的混乱。与之相对照，生均定额法从数据获得和准确性上要优于成本构成法，所需的数据包括不同学科的支出数据。

二、新拨款方式的主要内容

在对 X 省属高校财政拨款分配和管理进行改进的过程中，要突出的基本原则是公平和公正，要强化的导向是绩效评估，目的是提高 X 省属高校有效配置资金的能力，提高高等教育的办学水平和人才培养质量。根据国家和 X 省高等教育发展的相关决策部署，结合 X 省属高校发展面临的新形势，适时对资金分配方式进行调整完善。

（一）完善高校基本支出体系

高校的基本支出包含公用经费、人员工资及学生奖助经费等，基本支出是各高校运转的基本经费，核拨模式基本不变。以后的改革中要继续完善，以更好地支持 X 省属高校的日常运转。

（二）建立新的项目支出体系

统筹中央财政补助地方高校生均拨款奖补经费和省级财力安排的高校生均拨款专项经费，提升省属高校综合办学能力，引导省属高校优化结构，办出特色，加快内涵式发展。项目支出分为保障基本办学拨款（占 70%）和绩效考核拨款（占 30%）部分，并增加实施一流学科建设项目经费。

研究发现，X 省属高校拨款的项目支出比例过高，已经达到 60%。为了增加高校的财务自主权，保障学校的基本发展，需要将项目支出进行切块，切出 70% 的项目资金用于保障学校的基本办学需要，给予该部分资金使用的灵活性和自主性。

第一部分：保障基本办学条件拨款。目的是体现差异化支持导向，促进学科建设，充分发挥财政拨款的导向作用，促进高校准确定位，实现特色发展。学生层次类别折算系数：设置普通本科生、硕士研究生、博士研究生三个层次。

第二部分：高校管理改革绩效拨款。为了体现高校绩效差异，需要增加对绩效水平较高学校的财政拨款，以激励高校节约财政资金，提高资金的使用效益。如美国田纳西州在高校拨款预算编制时，州高教委员会根据一些指标对高校进行绩效评估，得满分的学校可得到当年拨款总额 5.45% 的增加额。绩效拨款采用指标因素法，主要围绕高校科研、就业、成果转化、资金管理、服务社会等方面取得的成果进行设计和度量。可根据工作实际情况对绩效评价因素和权重进行调整。

第三部分：实施一流学科建设项目。支持 X 省优势学科、特色学科和重点学科建设。国家一流学科每年投入 1000 万元（国家培养学科每年投入 300 万元），优势学科每年投入 500 万元，特色学科每年投入 300 万元，重点学科每年投入 100 万元（建议结合 X 省一流学科建设任务，安排资金）。

根据以上分析，初步设计的拨款公式为：

$$FI_{grant} = JB + XM_1 + XM_2 + XM_3$$

其中，FI_{grant} 为事业拨款额，JB 为原有拨款模式中的基本拨款额度，改革后维持现状，XM_1 为项目拨款之一的保障基本办学拨款，XM_2 为项目拨款之一的绩效拨款，XM_3 为项目拨款之一的实施一流学科建设项目拨款。

上述公式中：$XM_1 = \sum_{i=1}^{13} X_i \cdot N_i$

其中，FI_{grant} 为事业拨款额，X_i 为某学科生均综合定额，N_i 为某学科折合学生数（全日制学生数，不包含留学生、成教生）。在预算项目预算和财政拨款过程中，首先根据项目拨款中保障基本办学部分（占项目拨款的 70%）的资金额度确定基础学科拨款定额，然后根据各高校学科人数和各学科生均拨款额度测算项目划拨资金，将各学科学生数乘以学科定额并相加，形成各高校项目拨款的保障基本办学预算总额。

三、新拨款方法的评估：基于历史数据的比对分析

新的拨款改革方案需要将项目支出切块为"保障基本办学拨款"和"高校管理改革绩效拨款"两部分。至于新的拨款方式与原拨款方式在运行过程中是否存在很大的差异，不同类型的高校在采用新方法后的收支变化如何，需要进行比对和测算。如果采用新方法后个别高校的拨款收入发生了很大的变化，则会影响新拨款方式的实施效果。

本书采用 2013~2014 年的历史数据，以 2015 年的拨款为例进行测算，测算

方法如下：

第一步，计算 12 所省属本科高校的基本支出份额和项目支出份额。为了避免数据波动带来的随机性和偶然性，将 2013 年和 2014 年 12 所学校的基本支出和项目支出加总计算，然后测算基本支出和项目支出的比例（见表 7-1）。

表 7-1　12 所省属高校基本支出和项目支出占基本支出总额和总项目支出总额的比例

学校	2013 年和 2014 年基本支出总和（元）	基本支出份额（%）	2013 年和 2014 年项目支出总和（元）	项目支出份额（%）
BK1	502739617.30	15.9	535087837.40	12.5
BK2	421556528.40	13.3	517261700.00	12.1
BK3	491145698.50	15.5	534266108.40	12.5
BK4	326736556.20	10.3	658593520.20	15.4
BK5	131066902.60	4.1	222779100.00	5.2
BK6	212235825.70	6.7	310732050.30	7.3
BK7	233658992.90	7.4	238800332.60	5.6
BK8	111301562.00	3.5	367914837.90	8.6
BK9	197221846.40	6.2	229679969.80	5.4
BK10	194310736.40	6.1	206298200.00	4.8
BK11	217517074.00	6.9	213146500.00	5.0
BK12	130661908.00	4.1	241377800.00	5.6
合计	3170153248.00	100.0	4275937957.00	100.0

第二步，测算 12 所学校财政拨款总额的基本支出和项目支出比例。同样地，为了避免数据波动带来的影响，将 2013 年和 2014 年 12 所省属高校的基本支出和项目支出加总，分别计算基本支出和项目支出的比例。

第三步，按照新的拨款方法，测算新拨款方式实施后 12 所高校的拨款额度。计算时按照"保障基本办学拨款"和"高校管理改革绩效拨款"两部分的比例不同，分别采用三种方法。方法一："保障基本办学拨款"所占份额为 70%，"高校管理改革绩效拨款"所占份额为 30%；方法二："保障基本办学拨款"所占份额为 60%，"高校管理改革绩效拨款"所占份额为 40%；方法三："保障基本办学拨款"所占份额为 50%，"高校管理改革绩效拨款"所占份额为 50%。

第四步，按照原有的拨款方法，以原拨款方法的基本支出和项目支出分配资地进行成本核算，准确地计算教育成本，才能避免资金的盲目投入，在兼顾效率和效益的前提下，最大化公平目标。X 省的高等教育经费投入呈逐年上升趋势，因此更需注重资金的使用效率，提高教育投资的效益，避免出现经费投入和成本结构不合理的情况。

因此，树立成本效益观念，加强教育成本核算，优化成本结构，探索建立高校学科专业教学和管理成本中心，以成本中心为基础学科测算高等学校生均经费基本标准和绩效拨款额度，研究确定生均财政拨款基本标准，并根据经济发展状况及时更新成本信息，提高高校成本信息透明度，及时公开高校成本信息，为提高高校内部资源使用效率提供科学依据。同时，政府相关部门应对高等教育财政拨款指派专人进行指导、协助督查和质量监测，并对高等学校生均经费标准严格把控。针对绩效拨款计划、项目绩效评价的工作提前进行预算，科学测算项目成本，及时跟进并改进成本预算。树立人才培养的效益观，建立人才培养的成本核算制度也十分重要。只有正确核算高校的人力资源成本与人才培养成本，才能为考核评估高校的办学效益提供依据，才能为社会提供有效的成本信息。X 省高校可以改变高校会计要素确认和计量原则，正确核算财务成果，建立绩效和决策评价体系，完善高校财务分析体系，挖掘学校内部潜力，规范支出管理，促进学校经济活动的合理化。X 省属高校还可以借助现代信息技术优化高校财务管理活动，按照预算使用目标并结合学校实际，使用互联网动态监管高校的日常经济活动，对高校成本中心提供新的数据来源。高校的财务管理活动包括预算管理、收支管理、结余及分配管理、资产管理、负债管理、专用基金管理、财务分析、财务监督等，X 省可以将现代信息技术贯穿其中，逐步取代人工烦冗复杂的记账工作、核对凭证和纸质备份储蓄等工作，利用线上财务管理的信息软件，建立专属于每个高校的财务信息网络，方便高校的财务管理之余，能够为学校提供动态实时的各项数据，更好地发挥学校的监察权。

第四，教育管理部门应该实行绩效拨款制度。绩效拨款制度是政府通过一定的手段评价和衡量高校资金的使用效率，侧重教学和科研成果，综合评价高校办学效益，以此为依据核定经费拨款额度。绩效拨款制度可以解决高等教育办学活力和投资效益问题，体现了在社会主义市场经济条件下我国高等教育投资机制改革的新理念。确定绩效拨款的公式方法，可效仿其他国家或我国其他省份，建立适合 X 省实际发展的高校绩效评估体系。同时也要引导高校注重质量，培养更多优秀人才。建立科学合理的高校绩效评估体系关键在于构建科学的评估指标体系，有利于高校提高办学资金使用效率。X 省高校发展有不同定位，且高校拨款制度忽视了大学间的特色和各自特征，导致高校在不同专业和相同专业上的生均定额差异不明显，缺乏针对性，没有考虑到院校的差异性。以绩效为中心是高等教育财政拨款机制改革的重点，通过财政拨款与各高校的绩效考核相联系的方式，实现提升高校办学质量和效益的目标。绩效考核也是其中环节的重中之重，可以将市场竞争机制引入高校的办学理念，促进高校间在科研、办学和教育方面的良性竞争，营造公平公正透明的财务管理环境。

除此之外，教育管理部门还要制定合理的绩效拨款方案和目标，探索绩效拨款的合理模式，对拨款公式不断完善和改进，确保高校的发展经费能够得到充分高效的利用。以四川省为例，基础拨款按学生人数、学科培养成本差异等因素分配，在以 4 年为一个周期的时间内保持稳定，保障高校基本运转；绩效拨款将通过绩效考核指标打分量化后计算确定，指标体系根据高等教育新时期基本功能构建，从人才培养、科学研究及成果转化、社会服务及国际交流合作、办学条件和治理工作等方面，共设置 4 大类 16 个二级指标 45 个具体量化点。为了有效传递绩效导向，四川省的高校绩效拨款制度还设立了进步奖励，激发高校良竞创优。山东省将预算拨款由"生均定额+项目拨款"管理模式进一步调整为"基础+绩效+竞争性项目"三维政策框架，将科研创新收入纳入绩效体系并赋予较高权重，从制度上确立了以创新绩效为引导的正向激励导向，以适应新时期高质量的发展要求，实现高校的内涵式发展。

第九章　总结与展望

　　经费是高校办学的经济基础，对高校的发展起着至关重要的作用。在高校经费来源的诸多渠道中，政府的财政拨款是最主要的，政府财政拨款是否科学关系着高校办学水平能否不断提高。因此，学术界关于高校财政拨款模式这一命题的研究成果非常丰富。本书在借鉴已有研究成果的基础上，测算了 X 省属本科高校实际运行生均培养成本（实然成本）和高校发展客观需要的生均成本（应然成本）。在此基础上测算了生均财政拨款的标准定额，对 X 省属本科高校财政资金需求进行了预测。结合教育财政拨款的未来发展趋势，按分学科法测定生均综合定额标准，采取六种资金分配策略进行数据比对，选择最优策略设计出了考虑绩效拨款和财政政策的拨款公式，提出了 X 省属高校的财政资金分配方案。

　　然而，由于高校财政拨款的影响因素十分复杂，不仅需要政府制定出科学的拨款机制，还需要不断提高高校的自身财务管理水平。因此，未来关于高校财政拨款这一命题的研究，需要从以下四个方面展开：第一，本书提出的财政拨款模式在实际应用中的可行性。本书基于 2013～2014 年的历史数据进行了比对分析，对新拨款方法进行了评估，最终确定了适用于 X 省的拨款方法。然而，这种拨款方法在实际实施过程中效果如何，还有待于进一步的研究。第二，本书提出的财政拨款模式在全国应用的普适性。由于我国经济、社会发展水平存在较大差异，各地高等教育的状况也差异显著。因此本书提出的高校经费拨款方式只是针对 X 省，具体应用到别的省份时，还应根据实际情况制定各项指标，研究出最适合本地区高等教育实际情况的财政拨款机制。第三，由于高等教育在不同的发展阶段有不同的目标和任务，因此不同时期高校绩效评价的侧重点不同，这就导致高校绩效评价指标的选取不是固定不变的，而是具有动态性的。因此，需进一步探讨如何建立动态的绩效评价指标。第四，二级学院是高校的重要组成部分，提高二级学院的绩效对提高整个学校的绩效起着至关重要的作用，高校要想提高自身运行效率和提升办学效益，需要对二级学院的绩效进行科学合理的评价。因此，对二级学院的投入与产出绩效展开进一步分析，提高高校二级学院财政绩效成为未来研究的重点。

参考文献

［1］ Albrecht D. & Ziderman A. Funding Mechanisms for Higher Education Financing for Stability, Efficiency, and Ronsponsiveness ［R］. Washington. D. C: The World Bank, 1992.

［2］ Atkinson Grosjean J. & Grosjean G. The Use of Performance Models in Higher Education: A Comparative International Review ［J］. Education Policy Analysis Archives, 2000, 30 （8）: 1-35.

［3］ Banta T. W. & Fisher H. S. Performance Funding: Tennessee's Experience ［J］. New Directions for Higher Education, 1984, 48 （12）: 29-41.

［4］ Bogue E. G. Twenty Years of Performance Funding in Tennessee: A Case Study of Policy Intent and Effectiveness ［A］. In Joseph C, 2002.

［5］ Burke, et al. Funding Public Colleges and Universities for Performance: Popularity, Problems and Prospects ［M］. Albany: The Rockefeller Institute Press, 2002.

［6］ Burke J C. & Serban A M. Performance funding for public Higher Education: Fad or Trend ［R］. Albany, NY: The Nelson A. Rockefeller Institute of Government, 1998.

［7］ Burke & Joseph C. Funding Public Colleges and Universities for Performance: Popularity, Problems, and Prospects ［M］. N. Y: Rockefeller Institute Press, 2002.

［8］ Carnegie Commission on Higher Education. The More Effective Use of Resources ［R］. New York: McGraw Hill, 1972.

［9］ Currie & Richard DeAngelis. Globalizing Practices and University Response: European and Anglo-American Difference ［M］. London: Praeger Publishers, 2003.

［10］ Dalek C. Burke. Performance Funding: Arguments and Answers ［J］. New

我国省属本科高校财政拨款制度研究

Direction for Institution Research, 1998, 25 (1): 85-90.

[11] De Groot H. , McMahon, Volkwein. The Cost Structure of American Research Universities [J]. The Review of Economics and Statistics, 1991, 73 (9): 424-431.

[12] Dennis P. J. Outcomes - Based Funding: The Wave of Implementation [R]. National Center for Higher Education Management Systems, 2013.

[13] Cohn E. , Rhine S.. Institutions of Higher Education as Multi - product Firms Economics of Scale and Scope [J]. The Review of Economics and Statistics, 1989, 71 (5): 121-131.

[14] Fore M. J. South Caro Lina's Performance Funding: Rationale for the Benchmarks and the Possible Impact on Technical Colleges [D]. Columbia: University of South Carolina, 1998.

[15] Ghosh D. & Rodgers T. Government Financial Strategy in UK Higher Education: The Relationships Between Quality, Quantity and Efficiency [J]. Quality Assurance in Education, 1999, 7 (4): 197-208.

[16] Halil, Dundar, et al. Departmental Productivity in American Universities: Economies of Scale and Scope [J]. Economics of Education Review, 1995.

[17] Harnisch T. Performance-based Funding: A Reemerging Strategy in Public Higher Education Financing [M]. Washington. D. C: American Association of State Colleges and Universities, 2011.

[18] Hashimoto K. & Cohn E. Economics of Scale and Scope in Japanese Private Universities [J]. Education Economics, 1997, 5 (2): 269-277.

[19] Hazledine T. & Kurniawan C. Efficiency of New Zealand Universities and the Impact of the Performance Based Research Fund [J]. New Zealand Economic Papers, 2005, 39 (2): 153-179.

[20] Herbst M. Financing Public Universities [J]. Higher Education Dynamics, 2007 (8): 11-15.

[21] Izadi H. , Johnes G. , Oskrochi R. , Crouchley R. Stochastic Frontier Estimation of a CES Cost Function: The Case of Higher Education in Britain [J]. Economics of Education Review, 2002, 21 (1): 63-71.

[22] Jongbloed B. Performance-based Funding in Higher Education: An Interna-

tional Survey [EB/OL]. http: //www. education. monash. edu. au/centres/ceet/docs/ seminars/paperjongbloed. pdf, 2020-09-06.

[23] Koshal R. K. & Koshal M. Economics of Scale and Scope in Higher Education [J]. Economics of Education Review, 1999, 18 (5): 221-230.

[24] Laband David N. , Lentz Bernard F. New Estimates Economics of Scale and Scope in Higher Education [J]. Southern Economic Journal, 2003, 70 (1): 172-183.

[25] Liefner I. Funding, Resource Allocation and Performance in Higher Education Systems [J]. Higher Education, 2003 (46): 469-489.

[26] Lloyd P. J. , Morgan M. H. , Williams R. A. Amalgamation of Universities: Are There Economics of Scale or Scope? [J]. Applied Economics, 1993, 25 (8): 1081-1092.

[27] Martin. Cave, Hanny, Stephen and Kogan, Mauric. The Use of Performance Indicator in Higher Education: A Critical Analysis of Developing Practice [M]. Jessica Kingsle Publishers Ltd, 1988.

[28] Nelson Randy Hevert Kathleen. Effect of Class Size on Economics of Scale and Marginal Costs in Higher Education [J]. Applied Economics, 1992, 24 (5): 473-482.

[29] Pritchard R. Government Power in British Higher Education [J]. Studies in Higher Education, 1994, 19 (3): 253-266.

[30] Salmi J. & Hauptman A. M. Resource Allocation Mechanisms in Tertiary Education: A Typology and an Assessment [J]. Journal of Nutrition, 2006, 110 (12): 2467-2479.

[31] Shattock M. British Higher Education Under Pressure: Politics, Budgets, Demography and the Acceleration of Ideas for Change [J]. European Journal of Education, 1984, 19 (2): 201-216.

[32] Shattock M. Policy Drivers in UK Higher Education in Historical Perspective: "Inside Out", "Outside In" and the Contribution of Research [J]. Higher Education Quarterly, 2006, 60 (2): 130-140.

[33] Shattock M. The UGC and the Management of British Universities [M]. Buckingham: Open University Press, 1994.

［34］Stevens P. A. A Stochastic Frontier Analysis of English and Welsh Universities［J］. Education Economics，2005，13（4）：355-374.

［35］Tayor J. Institutional Diversity in UK Higher Education：Policy and Outcomes Since the End of the Binary Divide［J］. Higher Education Quarterly，2003，57（3）：266-293.

［36］Tennessee Higher Education Commission. Tennessee Higher Education Commission Outcomes-Based Funding Formula［R］. Nashville：Tennessee Higher Education Commission，2010.

［37］Williams G. Changing Patterns of Finance in Higher Education［M］. Buckingham，England：Open University Press，1992.

［38］World Bank. Higher Education：The Lesson of Experience［R］. Washington. D. C：The World Bank，1994.

［39］保罗·A. 萨缪尔森，威廉·诺德豪斯. 经济学（第16版）［M］. 北京：华夏出版社，1999.

［40］鲍莫尔. 经济学：原理与政策［M］. 北京：机械工业出版社，1998.

［41］财政部国际司财政新视角——外国财政管理与改革［M］. 北京：经济科学出版社，2003.

［42］曹方，谢玉英. 广西大学全日制普通班学生教育成本分析［J］. 广西高教研究，1994（3）：63-72.

［43］陈伯春等. 基于基本办学标准的普通高等教育生均成本测算［J］. 教育科学，2005（2）：41-44.

［44］陈洪安. 论高校规模经济［J］. 教育与经济，1999（3）：16-19.

［45］陈伟. 西方高等教育的政策变革与经费模式的结构性调整［J］. 高等教育研究，2002（5）：91-95.

［46］陈学飞. 理想导向型的政策制定——"985工程"政策过程分析［J］. 北京大学教育评论，2006（1）：145-157.

［47］成刚. 国外高等教育规模经济的研究方法述评［J］. 复旦教育论坛，2006（6）：72-77.

［48］成刚. 我国高等教育学科成本的计量研究［J］. 南开经济研究，2006（5）：132-144.

［49］成刚. 中外高等教育成本函数研究［J］. 江西财经大学学报，2006

（5）：102-107.

［50］崔邦焱，王守军．高等学校学生培养成本计算探索［J］．中国高等教育，2003（13）：17-20.

［51］戴罗仙，伍海泉．高等教育生均成本界定、测算与运用［J］．教育与经济，2005（1）：19-22.

［52］丁琼，马涛．国际高等教育拨款机制比较及启示［J］．理工高教研究，2005（4）：28-29.

［53］丁小浩．中国高等高校规模效益的实证研究［M］．北京：教育科学出版社，2000.

［54］杜鹏，顾昕．中国高等教育生均教育经费：低水平、慢增长、不均衡［J］．中国高教研究，2016（6）：46-52.

［55］杜秀敏．中国高等教育投入体制研究［J］．职业时空，2010（1）：1-3.

［56］樊继轩，窦继来，汤保梅．以绩效为特征的教育凭证拨款模式的探讨［J］．黄河科技大学学报，2008（5）：21-24.

［57］范文曜，马陆亭．国际视角下的高等教育质量评估与财政拨款［M］．北京：教育科学出版社，2004.

［58］冯金华等．湖南省普通高校生均成本的探讨［J］．湖南农业大学学报，1999（2）：162-166.

［59］高等师范院校财务管理研究会课题组．高等师范院校生均培养成本研究［J］．教育财会研究，2005（4）：3-21.

［60］官风华．美国高等教育拨款模式研究［J］．教育发展研究，1995（1）：69-72.

［61］官风华，魏新．高等教育拨款模式研究［J］．教育研究，1995（2）：23-24.

［62］侯龙龙．不同类型高校的内部效率——从范围经济的角度［J］．清华大学教育研究，2004（2）：15-22.

［63］胡帆．高等学校财政投入绩效评价研究［D］．武汉：武汉理工大学，2013.

［64］胡耀宗．不同类属高校财政差异分析［J］．中国高教研究，2011（11）：17-20.

［65］黄丽．基于绩效评价的高等教育财政拨款问题研究［D］．长沙：长沙理工大学，2009.

［66］李福华．高等学校资源利用效率研究［M］．北京：北京师范大学出版社，2002.

［67］李宏葱，杨卫东．建立以"公平＋绩效"为导向的经费拨款制度［J］．当代教育论坛，2006（11）：41-42.

［68］李文利，魏新．中外高等教育拨款方式比较与中国高等学校拨款制度改革趋势［J］．上海高教研究，1997（12）：34-38.

［69］李永宁．高校绩效拨款框架体系的构建及其实现途径［J］．教育发展研究，2016（21）：49-55.

［70］李子彪，赵海利，王红．教育财政学研究［M］．广州：广东人民出版社，2003.

［71］梁姿，李全生．浅析高等教育规模经济的内涵［J］．商业时代，2009（10）：87-88.

［72］林荣日．复旦大学各类学生年度人均培养成本研究［J］．复旦教育论坛，2004（4）：45-49.

［73］刘海波．公共财政视野下的绩效拨款与学校绩效管理［J］．全球教育展望，2008（10）：65-68.

［74］刘洪宇等．试论地方高校财政拨款体制的多元化结构［J］．教育研究，2003（10）：87-92.

［75］刘建民等．高校教育成本计量模型及其应用［J］．高教探索，2013（2）：52-56.

［76］卢纹岱．SPSS 统计分析［M］．北京：电子工业出版社，2010.

［77］罗晓华，陈工．我国高等教育财政绩效拨款模式改革的思考［J］．当代财经，2008（4）：27-30.

［78］马陆亭．以学校合理分类促高等教育的内涵式发展［J］．当代教育科学，2012（23）：63-64.

［79］米切尔·B. 鲍尔森，约翰·C. 舒马特．高等教育财政：理论、研究、政策与实践［M］．孙志军等译．北京：北京师范大学出版社，2008.

［80］闵维方．从经济视角看我国面向 2035 年的高等教育发展战略［J］．教育与经济，2018（2）：3-9.

［81］曲婧．英国高等教育绩效拨款政策的演变及启示［J］．才智，2009（18）：65.

［82］山西大学省部共建办公室等．省部共建高校战略发展研究［M］．太原：山西教育出版社，2008.

［83］宋彬．政府教育绩效预算理论模型——经验借鉴与实证分析［D］．上海：同济大学，2007.

［84］孙佰刚．美国田纳西州州立高校绩效拨款政策评析［J］．世界教育信息，2014，27（10）：29-36.

［85］孙国英，许正中，王铮．教育财政：制度创新与发展趋势［M］．北京：社会科学文献出版社，2002.

［86］孙羽迪．美国高等教育经费来源及启示［J］．现代教育管理，2009（7）：98-100.

［87］孙志军，金平．国际比较及启示绩效拨款在高等教育中的实践［J］．高等教育研究，2003（3）：92.

［88］唐文秀．高等教育财政拨款体制研究［D］．济南：山东师范大学，2010.

［89］田凤喜．谈我国高等教育拨款方式的改革［J］．商业时代理论，2005（26）：9-10.

［90］万寿义，曲京山．高等学校教育成本核算问题研究——基于管理的视角［J］．东北财经大学学报，2010（3）：3-9.

［91］汪洪涛．制度经济学［M］．上海：复旦大学出版社，2009.

［92］汪利兵．中英高等教育拨款机制比较研究［D］．杭州：杭州大学，1994.

［93］王寰安，张兴，包海芹．中国高等教育拨款模式改革研究［J］．江苏高教，2003（3）：9-12.

［94］王莉华．我国高等教育绩效拨款的局限与对策［J］．中国高教研究，2010（5）：13-14.

［95］王善迈．改革教育财政拨款体制，提高教育资源配置效率［J］．教育研究，1995（2）：20-22.

［96］王善迈．教育经济学［M］．北京：北京师范大学出版社，2000.

［97］王善迈．教育投入与产出研究［M］．石家庄：河北教育出版

社，1996.

［98］王善迈，袁连生 . 2001 年中国教育发展报告——90 年代后半期的教育财政与教育财政体制［M］. 北京：北京师范大学出版社，2002.

［99］王雪峰 . 高等教育资本运营［M］. 北京：知识产权出版社，2002.

［100］王雪峰 . 建立产出型高等教育拨款机制［J］. 教育研究，2002（12）：50-54.

［101］魏良华 . 国外基于绩效的高等教育财政预算管理对我国的启示［J］. 科技信息，2008（23）：191-192.

［102］魏新，官风华，陈良崑 . 关于我国实行高等教育基金制的研究［J］. 高等教育研究，1994（4）：38-45.

［103］吴晟，陈牛则 . 改革地方高校财政拨款模式的对策思考［J］. 湖南人文科技学院学报，2007（12）：89-91.

［104］伍国艳 . 基于公平与效率的高等教育财政拨款模式研究［D］. 武汉：武汉理工大学，2006.

［105］伍海泉 . 高等教育成本计量中几个特殊问题的探讨［J］. 教育与经济，2004（1）：43-45.

［106］伍艳 . OECD 发布《高等教育体系绩效基准》报告［J］. 世界教育信息，2019（15）：74-75.

［107］线联平等 . 北京市高等教育拨款制度的改革与创新——基于对英格兰高等教育拨款制度的考察［J］. 经济与管理研究，2007（9）：57-61.

［108］熊筱燕 . 江苏实施高等教育绩效拨款制度的路径选择［J］. 江苏高教，2007（1）：56-58.

［109］徐莉萍，龚光明 . 会计学视角下高等教育成本计量研究［J］. 江苏高教，2006（4）：30-32.

［110］许长青 . 基于多元产出的高等教育规模经济与范围经济计量分析［J］. 高教发展与评估，2015（4）：32-44.

［111］杨明 . 国际高等教育财政改革研究［M］. 长春：吉林人民出版社，2003.

［112］杨明 . 政府与市场：高等教育财政政策研究［M］. 杭州：浙江教育出版社，2007.

［113］袁连生 . 教育成本计量探讨［J］. 北京师范大学学报（人文社会科学

版），2000（1）：17-22.

［114］翟蕊，张小萍．建立中央高校教育经费拨款新机制［J］．中国财政，2011（11）：61-63.

［115］翟志华．高等教育财政体制现实选择研究［J］．黑龙江高教研究，2008（10）：45-48.

［116］张国玉，余斌．高校绩效评估量化方法研究评价——论因子分析法在高校绩效评估中的应用［J］．大学·研究与评价，2007（12）：48-53.

［117］张继明．我国高等教育财政拨款机制改革探微——基于绩效与竞争的视角［J］．复旦教育论坛，2008（4）：13-16.

［118］张炜．资源配置公平视角下的高等教育财政拨款模式［J］．江苏高教，2008（5）：36-37.

［119］张霞．安徽普通高校生均成本的数学模型［J］．安徽工业大学学报（社会科学版），2007（3）：139-140.

［120］赵亚芳．我国高等教育财政性经费支出问题研究［D］．郑州：郑州大学，2019.

［121］赵玉麟，沈健．香港政府的大学拨款战略及其启示［J］．高等教育研究，2008（1）：99-104.

［122］周湘林．中国高校问责制度重构——基于本科教学评估的新制度主义分析［D］．武汉：华中科技大学，2010.

［123］朱玉山．美国公立大学治理中的社会参与研究［D］．南京：南京大学，2017.

［124］2018 年 X 省教育事业发展统计公报［EB/OL］．http：//jyt. gansu. gov. cn/content-99937bb225ae4010a278b71cd8ffabd5. html，2020-09-27.

［125］2019 年上半年 X 省一般公共预算收入累计完成 442. 8 亿元［EB/OL］．http：//gansu. gscn. com. cn/system/2019/08/02/012196895. shtml，2019-08-02.

［126］2020 年 X 省教育事业发展统计公报［EB/OL］．http：//jyt. gansu. gov. cn/content-67f3d73cee084fc1933e9f03fb666e9d. html，2019-10-28.

［127］X 省财政下拨 7. 16 亿元资金支持省属高校建设［EB/OL］．http：//www. gsedu. gov. cn/content-29749. htm，2020-03-12.

［128］X 省教育厅．2017 年 X 省教育事业发展统计公报［EB/OL］．http：//jyt. gansu. gov. cn/content-67f3d73cee084fc1933e9f03fb666e9d. htm，2019-10-28.

［129］ 国家发展改革委．高等教育培养成本监审办法（试行）［EB/OL］. https：//wenku. baidu. com/view/84283f166c175f0e7cd137a9. html，2019-11-05.

［130］ 国务院．国务院关于印发统筹推进世界一流大学和一流学科建设总体方案的通知 ［EB/OL］. http：//www. gov. cn/zhengce/content/2015 - 11/05/content_10269. htm，2019-12-23.

［131］ 新中国70年教育变革之高等教育：高等教育体系规模稳居世界第一 ［EB/OL］. https：//www. sohu. com/a/344181402_350221，2020-09-21.

［132］ 中共中央国务院印发《深化新时代教育评价改革总体方案》［EB/OL］. http：//www. gov. cn/zhengce/2020-10/13/content_5551032. htm，2020-11-12.

［133］ 中华人民共和国教育部．关于深入推进世界一流大学和一流学科建设的若干意见 ［EB/OL］. http：//www. moe. gov. cn/srcsite/A22/s7065/202202/t20220211_598706. html，2022-01-29.

［134］ 中华人民共和国教育部．关于印发《统筹推进世界一流大学和一流学科建设实施办法（暂行）》的通知 ［EB/OL］. http：//www. moe. gov. cn/srcsite/A22/moe_843/201701/t20170125_295701. html，2017-01-25.

附　录

附录一　X省属本科高校财务信息调查表

X省属本科高校财务信息调查表

学校名称：

学校类别：

学校地址：

邮政编码：

财务处负责人：

填表人：

电　　话：

传　　真：

学校财务处盖章

年　月　日

附表 1 （   年） 收入支出表 单位：元

项目	金额
1. 财政补助收入	
2. 上级补助收入	
3. 事业收入	
（1）教育事业收入	
a. 学费收入	
其中，本科生	
专科生	
研究生	
b. 住宿费收入	
其中，本科生	
专科生	
研究生	
c. 其他教育事业收入	
（2）科研事业收入	
4. 事业单位经营收入	
5. 附属单位缴款	
6. 其他收入	
其中：捐赠收入	
1~6 项收入合计：	
7. 基建拨款	
8. 行政事业性支出合计	
（1）基本支出	
a. 财政拨款	
b. 非税收入安排的支出	
c. 其他资金	
（2）项目支出	
a. 财政拨款	
b. 非税收入安排的支出	
c. 其他资金	
备注：公费医疗经费拨款	

金，测算X省属本科高校的拨款额度。

第五步，比对新旧方法的增减资额度，选择适当的改革步骤和改革方案。

根据2013年和2014年财政拨款决算数可以测得2015年的财政拨款决算数。具体如下：首先，利用X省属本科高校2014年的财政拨款决算总数减去2013年的财政拨款决算数，再除以2013年的财政拨款决算数，计算出财政拨款总数增长率。用财政拨款总数增长率乘以2014年的财政拨款决算数，可以算出2015年的财政拨款决算数G。故而测算的财政拨款总数增长率为6.68%，得到2015年财政拨款决算数为3639361972元，即G=3639361972元。

用2015年的财政拨款数G乘以基本支出占总财政拨款的比例，得到2015年所有学校基本支出数的总和；用每个学校的基本支出份额乘以2015年所有学校基本支出拨款总额，就可以得到2015年各个学校的基本支出拨款额。2015年的财政拨款数G乘以项目支出占总财政拨款的比例，然后乘以"保障基本办学拨款"所占份额（可以选择70%、60%、50%），再按照每个学校的折合学生数进行分摊，可以得到12所学校的项目拨款"保障基本办学拨款"数额。根据财政拨款总额G，乘以项目支出占总财政拨款的比例，再乘以"高校管理改革绩效拨款"所占份额（相应地选择30%、40%、50%），可以测算每所学校项目拨款的"高校管理改革绩效拨款"数额。按照三种不同的"保障基本办学拨款"和"高校管理改革绩效拨款"比例，可以得到三种比对结果（见表7-2、表7-3、表7-4）。

表7-2　结果一："保障基本办学拨款"和"高校管理改革绩效拨款"的比例为70%和30%

学校	新方案的基本支出拨款额（元）	新方案的项目支出拨款额（元）	新方案的拨款总额预测值（元）	原方案的拨款总额预测值（元）	差额比例（%）
BK1	245719720	262983235	508702955	507250002	0.3
BK2	206040560	264257632	470298192	458858114	2.5
BK3	240053060	280291329	520344390	501181713	3.8
BK4	159696217	259893112	419589329	481591310	-12.9
BK5	64060443	110104409	174164852	172946268	0.7
BK6	103732680	169763602	273496282	255606512	7.0
BK7	114203497	129621643	243825140	230919882	5.6
BK8	54399908	109782065	164181973	234222480	-29.9
BK9	96394426	130010264	226404690	208653130	8.5
BK10	94971588	125780742	220752330	195802186	12.7

续表

学校	新方案的基本支出拨款额（元）	新方案的项目支出拨款额（元）	新方案的拨款总额预测值（元）	原方案的拨款总额预测值（元）	差额比例（％）
BK11	106313950	142337759	248651709	210491732	18.1
BK12	63862497	105087641	168950138	181838649	−7.1

表7-3　结果二："保障基本办学拨款"和"高校管理改革绩效拨款"的比例为60％和40％

学校	新方案的基本支出拨款额（元）	新方案的项目支出拨款额（元）	新方案的拨款总额预测值（元）	原方案的拨款总额预测值（元）	差额比例（％）
BK1	245719720	262775670	508495390	507250002	0.2
BK2	206040560	262623335	468663895	458858114	2.1
BK3	240053060	277553804	517606864	501181713	3.3
BK4	159696217	268750538	428446755	481591310	−11.0
BK5	64060443	109930325	173990768	172946268	0.6
BK6	103732680	167207921	270940600	255606512	6.0
BK7	114203497	127778035	241981532	230919882	4.8
BK8	54399908	119787852	174187759	234222480	−25.6
BK9	96394426	127474327	223868753	208653130	7.3
BK10	94971588	122216436	217188024	195802186	10.9
BK11	106313950	136886334	243200284	210491732	15.5
BK12	63862497	106928856	170791354	181838649	−6.1

表7-4　结果三："保障基本办学拨款"和"高校管理改革绩效拨款"的比例为50％和50％

学校	新方案的基本支出拨款额（元）	新方案的项目支出拨款额（元）	新方案的拨款总额预测值（元）	原方案的拨款总额预测值（元）	差额比例（％）
BK1	245719720	262568105	508287826	507250002	0.2％
BK2	206040560	260989038	467029598	458858114	1.8％
BK3	240053060	274816279	514869339	501181713	2.7％
BK4	159696217	277607963	437304181	481591310	−9.2％
BK5	64060443	109756242	173816685	172946268	0.5％
BK6	103732680	164652239	268384919	255606512	5.0％
BK7	114203497	125934427	240137924	230919882	4.0％
BK8	54399908	129793639	184193546	234222480	−21.4％
BK9	96394426	124938389	221332816	208653130	6.1％

高等教育领域，传统的财政预算编制和拨款方式所适用的环境发生了很大的变化。这些变化突出表现在以下三个方面：第一，高校在校生人数大幅度增长；第二，高校办学经费进一步增加；第三，高校的学科门类呈现出综合性发展趋势。从 X 省高校生均定额拨款标准的实际情况来看，高校的预算编制落后于财政预算体制的改革，突出表现在预算安排采取传统的"基数加增长"的编制方式上。随着高等教育财政投入总量的增长，高校财务管理的科学化和精细化水平都应同步增长。总之，传统的高等教育生均综合定额财政拨款方式越来越不能满足管理的需要。

第二，X 省属高校间生均基本支出差异逐年增大。从 2008 年到 2014 年，X 省 14 所省属本科高校项目支出的比例逐年增加。2008 年为 18.18%，2009 年为 23.81%，2010 年为 32.48%，2011 年为 46.76%，2012 年为 43.67%，2013 年为 42.76%，2014 年最高，为 46.83%。

将 12 所本科高校生均基本支出进行对比可知：2008 年生均基本支出最高的 BK1 高校比最低的 BK12 高校高出 5800 元以上。2009 年生均基本支出最高的 BK1 高校比最低的 BK11 高校高出 7300 元以上。2010 年、2011 年、2012 年、2013 年、2014 年生均基本支出最高的高校与最低的高校差值分别为：8700 元以上、9000 元以上、6400 元以上、10000 元以上以及 11000 元以上。可以看出，除 2012 年以外的年份，12 所高校间生均基本支出的极端差值均逐年增大，X 省不同地区高校间生均基本支出呈现出不平衡发展趋向。

第三，"保障基本办学拨款"和"高校管理改革绩效拨款"的比例为 50% 和 50% 的方案适合 X 省属高校拨款改革。通过测算三种不同比例的拨款方法确定 X 省拨款改革的公平性。方法一："保障基本办学拨款"所占份额为 70%，"高校管理改革绩效拨款"所占份额为 30%。方法二："保障基本办学拨款"所占份额为 60%，"高校管理改革绩效拨款"所占份额为 40%。方法三："保障基本办学拨款"所占份额为 50%，"高校管理改革绩效拨款"所占份额为 50%。如果采取"保障基本办学拨款"和"高校管理改革绩效拨款"的比例为 70% 和 30% 的拨款方案，BK8 的减资额度较高，减资的比例接近 30%，这种方案对学校的调整比例过高。为了保证改革的平稳推进，根据比对结果，建议刚开始改革实施时采用"保障基本办学拨款"和"高校管理改革绩效拨款"的比例为 50% 和 50% 的方案，以"小步快走"的改革推进思路，用 3~5 年，逐步向"保障基本办学拨款"和"高校管理改革绩效拨款"的比例为 70% 和

30%的方案过渡。这样既能保证改革的顺利实施，又有利于提高拨款改革的公平性。

第四，X省属高校的最佳规模效益下学生人数最多为14391人，生均经费为20263元。通过对折算系数获得的2012~2014年的学生数和生均教育支出的曲线拟合，划分出该模型的生均经费区间，确定最佳规模效益下的生均经费定额标准拨款区间比例，探索适合X省属高校的适度规模。当按照本专科人数：硕士生人数：博士生人数＝1：1.5：2时，得到的最低生均人数为10279人，最低生均支出为20154元，从而测算出X省属高校生均支出经费与学生规模所构成的拨款适应区间。A区间：学生数为8224~14391人时，生均经费为20263元；B1区间：学生数为4112~8224人时，生均经费为20426元；B2区间：学生数为14391~18500人时，生均经费为20699元；C1区间：学生数为0~4112人时，生均经费为21080元；C2区间：学生数为18500~22615人时，生均经费为21570元。由此可见，A区间为最佳规模效益区间，其次为B区间，最后为C区间。最佳规模效益A区间内学生人数最多为14391人，生均经费为20263元，B1区间学生人数最多为8224人，生均经费为20426元，B2学生人数最多为18500人，生均经费为20699元。因此本书建议，当在校学生人数超过18500人时，多招录的学生数按80%进行折算后再进行拨款。

第五，教育管理部门应该实行绩效拨款制度。绩效拨款制度是政府通过一定的手段评价和衡量高校资金的使用效率，侧重教学和科研成果，综合评价高校办学效益，以此为依据核定经费拨款额度。解决高等教育办学活力和投资效益问题，体现了在社会主义市场经济条件下我国高等教育投资机制改革的新理念。以绩效为中心是高等教育财政拨款机制改革的重点，通过财政拨款与各高校的绩效考核相联系的方式，实现提升高校办学质量和效益的目标。教育管理部门要制定合理的绩效拨款方案和目标，探索绩效拨款的合理模式，对拨款公式不断完善和改进，确保高校的发展经费能够得到充分高效的利用。

第二节　政策建议

《国家中长期教育改革和发展规划纲要（2010—2020）》提出了五大工作方

针，其中一个方针就是把教育摆在优先发展的战略地位。优先安排教育发展，财政资金优先保障教育投入，公共资源优先满足教育和人力资源开发的需要。本书依据《国家中长期教育改革和发展规划纲要（2010—2020）》精神，以研究结论为基础，提出如下政策建议：

第一，深化高校财务体制改革，提供准确成本信息。"十四五"时期是开启全面建设社会主义现代化国家新征程、向第二个百年奋斗目标进军的第一个五年，教育发展的外部环境和内部结构发生了重大变化。能够从前面的分析中看出，X省在前几年尽管扩大了教育经费的投入，但是仍然存在难以满足优质教育资源的状况，需要迫切加快紧缺人才培养，建设一流教育梯队来加快促进X省的发展空间，但仍缺乏兼顾公平和效率的手段和方法。因此，X省在未来可以进一步在历史机遇点上加快满足高等教育发展契机，拓宽高校的绩效来源，合理配置高校资源，提高资金的使用效益，深化高校财务体制改革和绩效预算是高校财务体制改革的必然趋势。

具体措施如下：首先，健全和完善高校财务管理的各项规章制度，加强对高校的财务管理，实现全面预算制度，对财力资源进行合理的配置，建立预算编制与管理制度，逐步落实高校财务管理的责任制，并同时追求效率优先、兼顾公平的原则。针对X省的高校财政拨款所表现出来的主要特点，要明确高校在财务体制改革中的积极性和主动性，实行科学的高等教育经费核算框架，提供高校内涵发展的支出数据。其次，最大限度地发掘地方优势，以X省天然的文化背景和人文背景作为财政资源的挖掘依托，发挥地方和行业的积极性，为X省高校的经费来源展开多渠道、新路径的多元化资金来源。全面推进财务公开，增强财务工作透明度，进一步疏通高校财务的流通渠道，简化环节，适当加强X省地方政府的监管能力和宏观调控能力。高校内部也要充分发挥审计监督作用，建立健全内部审计制度，可以成立由高校教师或高校行政管理人员自愿成立的财务动态监察小组。通过实施定期或不定期的财务检查稽核，推进高校财务管理向科学化和精细化发展。要逐步建立适应高校多元化经费来源形势的客观要求，以促进高校优质、健康发展。最后，X省地方政府要避免干涉高校财务管理的自主权，以积极引导和经验警示使高校财务施行自循环的理想自治，逐步实现X省高等教育财务拨款比例稳定增长目标，既能有效聚集财政资源，适当集中资金，同时也能够有效整合财政资源，使X省拨款渠道更加畅通，形成上级监管+高校自治，分担责任明确，财务管理简捷，拨款运行有序的良好财政生态。高校内部要加强成本核算分析，使经费支出更趋合理，提高经费支出效益，巩固高等教育财政改革的成果，逐步扩大教育基金的比例和规模，从而实现高等教育更大的绩效。

第二，筹备成立高等教育拨款委员会。我国高等教育拨款机构以政府为主，管理人员均为官员。政府部门直接干预高校财政的融资过程，导致高等教育的发展受政府作用的影响和束缚较大。政府官员缺乏高校发展管理经验，加之又不了解高校运行状况，因此，政府官员在教育经费拨付上专业性不强，不能确保资金分配和使用的效率和效益。成立相对独立的高等学校拨款委员会，能够帮助促进高校进一步理清高校的财务职责和界限，提高高校财务管理所附属的监督权和审查权，使高校财务管理更加透明化、制度化、合理化。同时，X省地方政府可以根据高校的现实需求提供监管帮扶，协助高校对财务制度运行进行监管，引导学校正确处理资金周转和预算，同时并且设定巡回检查小组，从根源上杜绝高校腐败事件的发生。在发挥高校自治的过程中，不仅要提高行业和X省地方政府的积极性，同时还要明确三方之间的责任，避免由于责任不明、责任分散或责任交叉造成高校财政拨款体制的混乱。

依据国外的高校拨款经验，如美国、英国、澳大利亚等国，在高等教育拨款中一般会设立专门的拨款中介机构，这个中介机构不属于政府部门，有相对的独立性。拨款中介机构主要由教育、规划、财政部门、大学校长和有关专家组成，其职能主要包括协助政府修订高校财政的整体规划，明确高校在经费使用过程中承担的义务，与评估机构保持良好的协同关系，使拨款和评估相挂钩。拨款中介机构可以指导高校进行绩效管理和提出相关政策建议，从而切实保证高校的教育经费使用效率和效益，促进X省地方政府在组织建设上转变政府职能，实行政策引导和经费调节为主的宏观调控管理，这样的行为不仅可以帮助高校在教育资源有限的情况下促进高校之间的良性竞争，改变高校依附政府的附属地位，还可以鼓励和促进高校教育质量、科研质量和社会服务质量的提升，促使高校民主发展下的卓越成长，为真正成为适应社会主义市场经济需要、面向社会的自主办学主体而做出改革措施。

第三，成立高校成本中心，科学测算生均定额和生均支出。我国高校成本核算问题不被重视由来已久，一方面，由于我国计划经济体制等历史背景，高校成本效益的观念并没有深入人心，政府的大包大揽和预算制度的不规范让高校并不注重资金的合理使用；另一方面，高校采用收付实现制作为会计核算基础，无法将收入与成本费用进行配比有关。然而受制于高校的公平和效率目标，只有科学

学校	新方案的基本 支出拨款额（元）	新方案的项目 支出拨款额（元）	新方案的拨款 总额预测值（元）	原方案的拨款 总额预测值（元）	差额比例 （%）
BK10	94971588	118652129	213623717	195802186	9.1%
BK11	106313950	131434908	237748858	210491732	12.9%
BK12	63862497	108770072	172632570	181838649	−5.1%

　　三种不同对比结果显示，BK8、BK4、BK11、BK10 这 4 所学校差额比例的绝对值较高。如果采取"保障基本办学拨款"和"高校管理改革绩效拨款"的比例为 70% 和 30% 的拨款方案，BK8 的减资额度较高，减资的比例接近 30%，这种方案对学校调整比例过高。

　　为了保证改革的平稳推进，根据比对结果，建议改革刚开始实施时采用"保障基本办学拨款"和"高校管理改革绩效拨款"比例为 50% 和 50% 的方案。以"小步快走"的改革推进思路，用 3~5 年，逐步向"保障基本办学拨款"和"高校管理改革绩效拨款"的比例为 70% 和 30% 的方案过渡。这样既能保证改革的顺利实施，又有利于提高拨款改革的公平性。

第八章　研究结论与政策建议

改革开放后，我国高等教育领域发生了一系列变化。例如，引进市场竞争机制，扩大高校办学自主权，中央向省级政府下放高等教育决策和管理权。在这种背景下，我国实施了绩效拨款政策，目的是扩大高等教育规模，提高质量和效益。在我国高等教育财政体制中，中央和省级政府分级负责、分级管理，中央政府重点扶持基础较好、实力较强的高校和学科优先发展。此外，我国实行在经常性办学经费之外设立绩效专项经费这种绩效拨款政策。在公共教育经费供给增加的背景下，为了提高资金使用效率，促进 X 省属高校内涵发展，需要科学合理地制定 X 省属本科院校的绩效拨款模式。

第一节　研究结论

第一，X 省属高校生均拨款体制改革难以满足高校财务管理发展的需求。通过对 2008~2014 年 X 省 14 所省属高校决算报表数据的统计分析，本书发现，X 省属本科高校生均财政拨款缺乏统一的标准，各高校之间存在着明显的差异。2008~2010 年生均财政拨款额最大值与最小值的差额波动不大，基本维持在 6000 元左右。2011 年以后波动较大，基本在 12000 元以上。此后几年，这种差距持续扩大，尤其是 2014 年生均财政拨款定额最大值与最小值的差距在 26000 元以上。由此可见，X 省属高校生均综合定额标准的确定依据不足，未进行科学合理的测算，主观性大，这种拨款方式无法体现资金分配的公平与效率。

随着市场经济体制改革的逐步深入，我国对财政体制开展了一系列改革。在

附表7 　（　　年）学生数字表

单位：人、元

1. 院系名称	2. 二级学科名称	3. 二级学科代码	4. 教职工数	5. 专科生			6. 本科生			7. 公费硕士生			8. 自费硕士生			9. 研究生班			10. 博士生			11. 成人教育生			12. 留学生			13. 其他		
				学生数	学费标准	住宿费标准	学生数	学费标准	住宿费标准	学生数	学费标准	住宿费标准	学生数	学费标准	住宿费标准	学生数	学费标准	住宿费标准	学生数	学费标准	住宿费标准	学生数	生均学费	生均住宿费	学生数	生均学费	生均住宿费	学生数	生均学费	生均住宿费
合计：																														

附录二 访谈提纲

访谈时间_____ 访谈对象_____ 访谈对象性别_____

访谈地点_____ 访谈对象单位_____ 访谈人员_____

1. 您是否了解目前 X 省高校的财政拨款体制？

2. 您如何看待和理解高校的财政绩效拨款体制？

3. 您认为如何能够更好地推动 X 省的高校绩效拨款改革？

4. 您了解项目拨款吗？您觉得现在的项目拨款比例合不合适？

5. 您认为当前高校财政拨款体制改革具有哪些意义？

后　记

党的十八大以来，以习近平同志为核心的党中央坚持教育优先发展战略，并做出了加快建设教育强国的重大决策部署。强国先强教，建设教育强国，高等教育是龙头。高等教育的高质量发展是实现教育强国、科技强国和人才强国的必由之路。2015 年 10 月，国务院印发《统筹推进世界一流大学和一流学科建设总体方案》（以下简称《方案》），"双一流"建设成为了继"211 工程"和"985 工程"之后，又一个备受关注的教育战略规划。"双一流"政策实施以来，国家始终坚持把高等教育作为国家战略性投入予以优先保障。2017 年 1 月，教育部、财政部、发改委联合印发《统筹推进世界一流大学和一流学科建设实施办法（暂行）》，此后各省份陆续出台了双一流建设的相关方案或文件，并提出了相应的经费保障措施。高等教育高质量发展不仅仅要提高教育质量和办学效益，更需要建立完善的财政拨款制度为保障。基于以上考虑，本书以西北地区某省份的省属本科高校为研究对象，探讨我国省属本科高校的财政拨款制度和运行机制。

本书是集体智慧的结晶。2011 年 2 月，案例地区省级人民政府办公厅印发《关于启动实施国家教育体制改革试点项目的通知》，全面启动了该地区承担的12 项国家教育体制改革试点项目。我们作为课题组核心成员参与了其中的"制定普通高等学校生均经费基本标准和生均财政拨款基本标准"项目的研究，通过对案例地区本科高校生均培养成本的测算，研究制定了生均财政拨款标准。当时使用的是 2008~2010 年省属本科高校的决算表数据，研究只是初步性和探索性的。路晓峰博士进一步拓展了研究的数据集，将测算的数据扩展到 2014 年，丰富了研究内容，并结合教育财政改革发展要求，设计了基于绩效评估的高校财政拨款方案，提出了完善新时期高校财政拨款机制的政策建议。当时的硕士生黄俊、万阳洋、刘云鹏、高欣秀的毕业论文也都围绕国家教育体制改革试点项目的主题开展了相关研究，这些研究成果都不同程度地体现在本书中，感谢他们对本书做出的贡献。感谢博士生陈建海、莫蓉、王新俊和硕士生栾鹤、纪元为数据整理和测算付出的艰辛努力。还有很多未出现在上述名单里却为本书做出贡献的老师和学生，在此一并表示感谢。全书由孙百才和王新俊统稿，孙百才审阅定稿。

在本书完成之际，特别感谢案例地区省教育厅、省财政厅及各省属本科高校为本研究提供的财政数据和资料，感谢相关领导和专家在百忙中抽出时间接受本研究的访谈。感谢青岛大学和西北师范大学良好的学术氛围，丰富的图书资料，这为本书的顺利完成提供了重要的保障。感谢经济管理出版社张巧梅编辑为本书出版所做的大量工作。

遗憾的是，至出版之时本书所使用数据年限有些陈旧了，采用的为2008~2014年的省属高校决算表和问卷调查的数据资料，缺乏最近年份的更新数据。一方面，由于笔者转换工作地点，一定程度上为新年份数据的获取造成了空间上的困难；另一方面，本书陆续成稿的时间跨度较长，为本书做出贡献的作者涉及诸多，反复沟通达成共识也着实不易。但本着与相关领域专家和教育实践工作者学习交流的想法，才考虑将我们集体的研究成果整理出版，以作他山之石，与大家分享并共勉。希望本书研究高校财政拨款制度时研究对象选取、研究思路及采用方法能为同行能提供些许的参考和借鉴，则我们即心生欣慰。

限于作者水平和学识有限，本书在撰写过程中肯定存在不少的疏漏和错误，恳请各位读者多提宝贵意见，并能批评指正和不吝赐教。

作者
2023 年 8 月

项目	金额	
	年末余额	新增
五、图书		
六、文物及陈列品		
七、其他固定资产		

附表 6　（　　年）基本数字表

项目	数值
一、占地面积（平方米）	
二、建筑面积（平方米）	
三、教职工人数	
1. 教学科研人员	
2. 教辅人员	
3. 其他职工	
四、专任教师人数	
五、教授及其他正高级职称人数	
六、副教授及其他副高级职称人数	
七、离退休人数	
1. 离休人数	
2. 退休人数	
八、临时工人数	

附表 4 　（　年）项目支出表 单位：元

项目方向	金额
合计	
1. 学科建设	
2. 专业建设	
3. 科研计划	
4. 重点实验室	
5. 精品课程建设	
6. 科研基地	
7. 校园信息化及网络化建设	
8. 图书购置	
9. 办公设备购置	
10. 特困生	
11. 其他	

附表 5 　（　年）固定资产表 单位：元

项目	金额	
	年末余额	新增
合计		
一、房屋建筑物		
二、专用设备		
三、一般设备		
四、交通运输设备		

附表3　（　年）基本支出·公用支出表　　　单位：元

项目				金额
	合计			
按资金来源分	1. 全日制本专科、研究生部分（含高职生）	小计		
		1.1 财政拨款		
		1.2 预算外资金		
		1.3 其他资金		
	2. 其他类型学生部分（成人教育、在职培训、留学生等）	小计		
		2.1 财政拨款		
		2.2 预算外资金		
		2.3 其他资金		
按部门分	合计			
	1. 行政部门			
	2. 教学辅助部门			
	3. 全日制本专科、研究生（含高职生）教学部门（各院或系、公共教学部门）	小计		
		3.1 由行政部门统管的教学支出		
		3.2 院系名称		
		3.3 院系名称		
		3.4 院系名称		
		3.5 院系名称		
		3.6 院系名称		
		3.7 院系名称		
		3.8 院系名称		
		3.9 院系名称		
		3.10 院系名称		
		3.11 院系名称		
		3.12 院系名称		
		3.13 院系名称		
		3.14 院系名称		
		3.15 院系名称		
	4. 其他部门（成人教育、留学生、研究生班、在职培训等）	小计		
		4.1 部门名称		
		4.2 部门名称		
		4.3 部门名称		
		4.4 部门名称		
		4.5 部门名称		
	5. 其他			

附表2 （ 年） 基本支出·人员支出表

单位：元

备注：临时工支出

科目	合计	按资金来源分			按学生类别分							备注：临时工支出			
		财政拨款	预算外资金	其他资金	全日制本专科、研究生部分	其他类型学生部分						小计	财政拨款	预算外资金	其他资金
						小计	成人教育	留学生	进修与短修班	研究生班	其他				
合计															
一、工资福利支出															
二、对个人和家庭补助支出															
1. 离退休费															
2. 医疗费（本单位弥补公费医疗收支亏损）															
3. 住房补贴															
4. 学生助学金															
5. 其他															